二战浪漫曲 WORLD WAR II ROMANCE

二战中的成王败寇

◎李乡状等／编著

SERS ARE ALWAYS IN THE WRONG

UNITY PRESS 团结出版社

图书在版编目（CIP）数据

二战中的成王败寇 / 李乡状等编著. -- 北京：团结出版社，2014.1（2022.1重印）
ISBN 978-7-5126-2339-2

Ⅰ.①二… Ⅱ.①李… Ⅲ.①第二次世界大战—军事家—生平事迹 Ⅳ.①K815.2

中国版本图书馆CIP数据核字(2013)第302451号

出　版：	团结出版社
	（北京市东城区东皇城根南街84号　邮编：100006）
电　话：	（010）65228880　　65244790（出版社）
	（010）65238766　　85113874　　65133603（发行部）
	（010）65133603（邮购）
网　址：	http://www.tjpress.com
E-mail：	zb65244790@163.com（出版社）
	fx65133603@163.com（发行部邮购）
经　销：	全国新华书店
印　刷：	三河市燕春印务有限公司

开　本：	710毫米×1000毫米　　16开
印　张：	15
字　数：	170千字
版　次：	2014年1月　第1版
印　次：	2022年1月　第3次印刷

书　号：978-7-5126-2339-2
定　价：68.00元

前言
QIANYAN

在第二次世界大战中，世界反法西斯斗争的舞台上留下了许多可歌可泣的动人故事。从元帅到士兵，人们同仇敌忾，为着民族和人民的利益和正义的事业，不惜抛头颅、洒热血，与敌人奋战到底。他们当中有隐秘战线的无畏英雄，有在正面战场上奋勇搏杀的热血男儿，有统帅千军万马的睿智将领，也有策动局势的领袖元首。那些发生在他们身上种种带有传奇色彩的事件至今仍然广为人们所传颂，战争的铁血和历史的壮阔更是为这些曾经的故事增添了一份令人回味无穷的浪漫。

客观来说，"二战"的发生是人类历史上的一场浩劫，它使全世界大多数地区的国家都遭受到了战火的洗礼，令无数军民饱尝了它所带来的磨难；然而，"二战"的胜利却又无疑是人们一次无可比拟的伟大成就，是它将全世界人民团结战斗打败法西斯军国主义的胜利与和平的丰碑，永远树立在了历史的漫漫长路上，父辈的血汗与呐喊凝聚在这里，为我们这些后人留下了一处值得永远敬仰和继承的精神——在亚洲、在非洲、在欧洲，世界各国人民团结在反法西斯同盟的旗帜下展开了对德、意、日、法西斯轴心国的殊死战斗。从1933年到1945年，世界范围内的反对法西斯斗争此起彼伏。终于，正义战胜了邪恶，向往和平与正义的人们赢得了最后的胜利。

在二十一世纪的今天，那段历史已然离我们远去了，曾经高呼的口号被淹没在平淡的生活当中，战火的痕迹被新建起的楼房与街道所掩盖。战争的记忆从我们身边消失已久,然而,即便如此,今天的我们也仍然能够不时从书籍、报刊和人们的口耳相传中听到那些似乎已经远去的名字与词语:敦刻尔克大撤退、不列颠空战、斯大林格勒保卫战、解放波兰、攻陷柏林……这些泛着陈旧之色的字眼或许被提及的时候给人的感觉或许已经不能像几十年前那样容易引起热血的激荡和讨论的兴味。但是当我们翻开书本,重新咀嚼起它们身后的那些故事,胸中却还是无法抑制地会泛起对历史那份无尽浩荡与雄浑奥壮的回味悠长。

是否还记得,莫斯科郊外以血肉之躯抵挡坦克的最后呐喊;敦刻尔克海岸上为同袍撤离而顶着炮火与炸弹袭击的顽强阻击;在伦敦上空对敌人如黑云般压来的轰炸机群从飞机炮口中喷出的怒火;昔日北非名将隆美尔与蒙哥马利率领部队殊死作战的阿拉曼战场上,如今伴着双方遗留下来无数地雷形成的"魔鬼花园"的,只有在沙漠公路两旁绵延久远的无名战士墓……

麦克阿瑟曾经说,老兵不死,他们只会渐渐湮没(在人群中)。当战争离我们远去之后,那些与战争有关的人们和他们的事迹也被生活中更加贴近我们的种种信息所渐渐掩去。而事实上,无论辉煌抑或黑暗,这些值得了解的过往都不应该在我们的记忆中以一个毫无内容的名词的形式一直蒙尘,直到死去。从这些故事当中,我们能够学习和获得许多生活中可能永远无法接触到的智慧,以及情感。

本书通过对历史史实的详细阐述,从战争的过程当中甄选出一系列不同身份的角色。通过从不同的角度,不同的立场和不同的身份进行讲述和介绍,使一大批鲜活的人物跃然纸上,他们的事业,生活,伴侣,友人,仇敌以及经历都以一种更加贴近人性的视角被展现出来,便于读者们更好地带入到角色的感受当中去,更贴切地去解读和掌握书中所介绍的这些活跃于那个特殊年代的人们。

　　本套丛书当中不仅介绍了我们时常听闻的那些在第二次世界大战中声名在外的著名将领和领导人的事迹和经历，也包含了对那些工作在隐秘战线，工作在敌人心藏中的无名英雄的描写，让我们能够从更全面的角度来对二战时代的局势与当时不同阵营和国家人们的世界观进行了解，相辅相成地为每一位相关的人物在印象中描绘出一个更加贴近现实的生活与境遇背景，还原出一个个与历史百科介绍中那些冰冷文字构筑下不一样的人物形象。

　　本书力求以历史原貌真实再现历史史实，呈现在读者面前。如果存在某些描写过甚或与真实历史出入之处，敬请各位读者朋友批评指正。

2013.12.26

目录
MULU

希 特 勒

纳粹狂人希特勒的一生可谓是不寻常的一生,围绕着这个掀动欧洲乃至大半个世界的狂人的传闻轶事至今仍在世界上广为流传。他从一个不起眼的流浪汉成为纳粹德国元首,历经了许许多多不平凡的事情,没人想到这个曾经不起眼的"小人物"会改变人类的命运。抛开行为上的善恶不谈的话,希特勒果敢的决策风格、刚毅的处事作风和对机会高超的捕捉能力等一系列特质,对现代社会来说是有着其值得参考和学习的正面意义的。

希特勒全名阿道夫·希特勒,1889 年在奥德边境林茨的一个小镇的旅馆中,一个婴儿来到了人间,这个小家伙就是希特勒。但不幸的是,他的童年并不美满,14 岁丧父,18 岁时母亲也因操劳过度而去世。小小年纪就要承受失去双亲的痛苦,这让他的性格变得忧郁和执拗。怀着自己的画家之梦,19 岁的希特勒离开了家乡,来到了艺术之都维也纳。

命运总是存在太多的变数,希特勒并没有能够在维也纳当上职业画家,而是以一名普通士兵的身份参与了第一次世界大战,并获得铁十字勋章。德国战败之后,希特勒走上了自己的从政之路。1923 年 11 月,他发动了世界闻名的啤酒馆暴动而被捕入狱,在狱中,希特勒完成了《我的奋斗》一书,本书中,他全面阐述了自己的政治观点,同时也表明了许多主观的想法和愿望,比如吞并奥地利,屠杀犹太人和更加高效的独裁统治构想等等。几年后的经济危机中,他所领导的纳粹党成为当时德国第二大党并在竞选中大获全胜,希特勒任德国总理。第二年,总统兴登堡因病去世,希特勒借此机会兼任并代行了总统职权,并将自己的称谓改为了元首。也许正如一位历史学家评价的那样:在特定的时间、地点和历史背景下,希特勒寻找到了机遇,并顺利地将自己粉饰成了一个豪雄般的角色。事实证明这句话是对的,在上台执政之后,希特勒推出了一系列的政策,它们大都为德国的侵略扩张服务,其中包括吞并奥地利,消灭捷克等,最终将整个欧洲拖入战争当中,使万千生灵陷入灾难,同时他所推行种族灭绝政策还屠杀了不计其数的异族军民,血淋淋的历史至今还令人胆寒。

但从客观角度来看,希特勒对德国其实是有贡献的,在短短五年时间里,他就将德国从一个支离破碎的战败国与其他地区合并成统一的德意志地区,并将德国本身改造成为整个欧洲最具实力的国家。然而,这一切行动的最终目的却是为了侵略和征服其他国家的计划服务。丘吉尔曾这样描述他:从阿尔卑斯山到黑海地区,几乎全部的国家都在向柏林低头,人们不得不屈从他,他的影响力如此之大,整个欧洲都因他的存在而发生着改变,其一举一动无不令人瑟瑟发抖。

无论是争夺执政权力的路途上还是在之后进攻各国的日子里,一代"元首"的追梦之路都洒满了无数人的鲜血。有伙伴的,也有敌人的,更有千千万万的普通军民的。"疯子""战争狂人""魔王",在那个特殊的年代,人们给予了他各种各样的评价和称呼。事实上,纳粹党的纲领和历史上所有的政治团体一样,都是人类对自身命运和未来发展方向的探索和尝试,但是纳粹的领导者却由一个极端的理想主义者担当,这就注定了会有一场不同寻常的变革,必将对许多人的命运产生影响。尽管希特勒最终失败了,并为他的野心付出了惨痛的代价,但这个走向末路的失败者在其一生当中所表现和坚持的一切仍然被世人广泛关注和评说,为了能够更加客观地分析和评论这位极具争议性的人物,人们在历史当中挖掘着他一生中的点点滴滴,以便能够

还原他的真实面目,来更好地审视其一生的成与败,正确与错误。

今天,战争的硝烟已经散尽,曾经的呐喊与悲恸都尘封在历史的长卷之中。关于这场战役中的是是非非被后人无数次提起,希特勒本身也渐渐剥离了单纯的历史罪人一角,多种信息被提取出来,在进行了综合的对比与参考之后,人们也逐渐刻画出了在军事领导者,国家首脑,党派领袖各种身份环境下的希特勒的不同形象。让今天的我们得以用更加细致而切实的方式去认识这个曾经的风云人物。

6岁的时候,他的父亲被调往林茨工作,于是,一家人跟随着父亲来到奥地利。住在郊外购置的一套房子里,这里环境清幽,一家人过着温馨和睦的生活。不久,希特勒到了上学的年龄,父母将其送入乡村小学。由于学校距离比较远,所以每天清晨,他都要和姐姐走很长时间才能到达学校。这也使得希特勒的意志从小就得到了磨练。

小学毕业以后,父亲为希特勒作出了一个比较好的规划,他决定送儿子到林茨市的六年制中学,这样一来,儿子将来就有机会和自己一样成为一个公务员。可是他却不知道,喜爱绘画艺术的小希特勒并不情愿接受这样的安排。

虽然心里很不高兴,但是希特勒深知以自己现在的力量还不足以与父亲的意志对抗,所以他选择了消极抵抗的方式。从入学那天开始,希特勒就不专心读书,对于喜欢的课程,他会稍加认真,对于讨厌的课程就以罢学相对,加上执拗内向的性格,这使得他成为班级里的特别分子。

不幸降临到了这个原本完整的家,1903年1月的一天,希特勒眼中一项专制独断的父亲逝世了,享年65岁。家庭骤然失去了最主要的经济支柱。希特勒的母亲此时只有42岁,靠着养老金和仅有的积蓄艰难地养活着几个孩子,她希望希特勒能子承父业为家庭分担一些生活压力,可是希特

勒却坚决不愿意,直到此时,他还是坚持自己成为艺术家的想法。

怀着满心的希望,17岁的希特勒离开了林茨,去往奥地利首都维也纳。在那里,他找到了自己梦寐以求的艺术学院,他在写往家里的信件上说服了母亲,得到了700克朗作为参加入学考试的费用,这是他的圆梦基金。但是这次机会最终因为落榜而与希特勒失之交臂。

后来没过多久,一直疼爱希特勒的母亲也去世了,她与丈夫葬在了一起,这对于一直以来受母亲供养的希特勒来说无疑是个空前的打击,这一年,希特勒只有19岁,没有更好的生活来源,梦想又无法实现,他不得不再次前往维也纳讨生活,成为了那里的一个流浪画匠。

虽然希特勒心中有伟大的理想,但是实际上他最初的画艺只能用志大才疏来形容。最初,他还可以依靠父亲留下来的遗产和25克朗的孤儿补助金勉强度日。后来,遗产用完,他的境况就更糟糕了,只要是能睡的地方,都成为了他夜晚的家,最后,他已一无所有,只得进入了一家收容所居住。直到后来才因为画艺改善赢得了更好的报酬。

从19世纪60年代起,欧洲时局不断出现问题,分裂、动荡,阶级斗争此起彼伏,民族独立和自治热潮兴起,这一切让族群本就分崩离析的日耳曼人失去了在奥地利的统治地位。这让希特勒感到非常气愤,作为一个狂热的日耳曼民族主义者,他坚决对这种趋势表示了反对。随后,这位"画家政客"把工作的地方变成了政治的俱乐部。他向那些所谓的上流人士和失意者夸夸其谈,猛烈而肆意地批评与自己观点不和的社会口号,这种场合也为希特勒提供了锻炼口才和观察力的平台。终于,希特勒带着对过去的屈辱、失望,和对未来的憧憬、信心,于1913年初春踏上了自己命运的转折点——德国。

欧洲的和平局面在种种乱象纷起的情况下被打破了,经由一场意外的

刺杀点燃了强国的 1914 年，列强们相继宣战，协约国英法俄对同盟国德奥，第一次世界大战全面爆发。

德国沸腾了，青年人统统加入到为祖国报效的浪潮中，身为狂热民族主义分子的希特勒也不例外，军队成为他"心灵和肉体的归宿"，他恳请巴伐利亚当局让自己加入巴伐利亚步兵团，最终，他的愿望实现了。

当这个穷小子成为了一名德国战士时，过去的一切失意对他来说就已经不再重要了，他所追求的是为德意志效忠。战斗虽然惨烈，但希特勒表现出了异乎常人的冷静，初上战场就锋芒毕露。他对上级的命令毫不迟疑，坚决执行。但在随后几次的伊普雷南部对法战斗中，第十六团依旧没有逃出惨败的结局。然而，希特勒却越战越勇，好像战争就是他的使命一样。有一次，他在敌人的攻击下救了新任团长的性命，为此，他被授予二级铁十字勋章一枚，提升为陆军下士。希特勒的身上也不无优点，他智谋过人，勇敢无畏，且没有任何不良嗜好，是素食主义者。这些都是他日后得以发迹的资本。所以尽管性情古怪，希特勒在战场上的表现还是令战友们肃然起敬。他不仅很好地完成了各项任务，还聪明地活了下来。

1917 年，俄国迅速崩溃。沙皇退位，苏维埃政府成立，也就是前苏联，新政府成立，百废待兴，考虑到国际形势，再加上前苏联与德国在 1918 年 3 月签订了布列斯特-立陶夫斯克条约，所以，它退出了战争。至此，德国的东线算是取得了胜利，抽回东线兵力，在鲁登道夫的计划下，欧洲战场向英法联军发动了 5 次大规模攻势，但预期的效果并未达到。战争中的希特勒表现依旧出色。一次，他在一个战壕里发现了法军士兵，于是，心生一计，谎称他们的大部队已将其包围，法国士兵相信了希特勒的话，最终被他只身俘虏。同一年，弥足珍贵的一级铁十字勋章被希特勒收入囊中，这是对他的表现的最高奖励。从此，他一直骄傲地佩戴着它。一战中，希特勒共获得 5 枚勋章,虽然战绩颇丰,本人却始终未得到提升。

在希特勒的著作《我的奋斗》一书里,他曾这样写道:"德国人容易受骗。"事实证明,在日后的岁月中,他也恰恰利用了这一点。"11月罪人"这个口号正是希特勒的一张牌,一张嵌入德国人民心中的牌。也为他推翻魏玛共和国起到巨大的作用。希特勒逐渐认识到要拯救伟大的德国,唯有投身政治。他终于明白今后要走什么样的路,前途就在政治之中。

希特勒的光明终于到来了,1919年11月他回到慕尼黑。德国工人党给了他一个重要的发展机会,使他有了发挥才能的政治舞台。他非常擅长演说,每每站在演讲台上,仿佛全部的灵感都涌上心头,无论是演说内容还是语言组织,无不体现出他非凡的才华,这和平日里的他简直判若两人。在现场,经常出现掌声雷动的现象,人们为之鼓舞、激动,他所组织的群众集会在很短的时间内就闻名遐迩。事实证明,希特勒成功了,安东·德雷克斯勒力排众议,任命他为"宣传部长"。而这一切对于广大的民众来说并非福音,希特勒所宣布的纲领是以欺骗为手段,利用工人、农民等对政治不敏感的群体力量,达到自己的终极目的。后来,希特勒掌权,他很快投身到反对"凡尔赛和约"的运动中来,开始大肆屠杀犹太人。

这一作法为德国、欧洲甚至是世界人们带来了灾难和毁灭。他把反犹与反凡尔赛合约相结合,误导那些在战争与革命中感到迷茫的人们,使他们认为这些苦难的始作俑者就是德国的"敌人"。他的党——纳粹党,代表了反动官僚和垄断资产阶级的利益,以疯狂的武力扩张侵略为宗旨,是残暴,反动的法西斯政党。

后来,他被解除了军职,带着所有的财产,以蓬勃的激情,全身心的投入到"事业"中了

历史的强音总会在某一时间发出令人震撼的声响,1920年4月,一个

在未来让人谈之色变的名称诞生了,德国工人党正式改名为纳粹党。

这一年,纳粹党的会议召开得十分频繁,与会人员多达 6 万余人;希特勒再一次将他的演说能力发挥得淋漓尽致。为了便于控制,希特勒又在冲锋队中挑选心腹,组成党卫军,负责保卫他和纳粹头子们的安全。党卫军又被称为黑衫军,顾名思义,他们穿着黑色的军服,军帽上是可怕的骷髅徽章。

热心于艺术却失败,宣传反动,却非常成功。希特勒设计了一面旗帜,作为党旗:红色底,白色的圆心,圆心中镶着黑色的卐。

不久,卐字臂章就被戴在冲锋队员和党员身上。

希特勒依靠政治上的狡猾机敏和煽动人心的宣传,使纳粹党得到迅速的发展,也正因如此,希特勒走入了一个时代的政治中心。

纳粹党领导人,阿道夫·希特勒为了同北德民族主义分子联系,1921 年 7 月,他在德国,抱着试探纳粹运动扩大的可能性的想法,并准备同一些"好"的组织结盟。

同年,希特勒又一次取得了政治上的成功,在一次投票中,以绝对优势成为党魁,成为党魁之后,选举制度被取消,树立了"领袖原则",他的领导地位被确定下来。

希特勒当上了一把手之后,立即着手改组纳粹党。他天生傲慢自得,但很重视也很善于网罗亲信,培养自己的羽翼。其中,六大金刚便是对他忠心不二的群体,在发展纳粹运动中,六大金刚可谓功不可没,为他后来的纳粹发展提供了重要组织保障。这六个人分别是恩斯特·罗姆、狄特里希·埃卡特、鲁道夫·赫斯、阿尔弗雷德·罗森堡、赫尔曼·戈林、保罗·约瑟夫·戈培尔。

动荡的时局给了希特勒很大的帮助,在这期间,有两件事对推进德国政治混乱起到了推波助澜的作用,它们就是法国占领鲁尔区和本国货币马克的贬值。

虽然纳粹党的规模不断壮大,但即使是在巴伐利亚,它也远没有达到非常重要的地位,更何况境外。可是,这不会阻挡希特勒的脚步,他想到了一个办法,把所有巴伐利亚与纳粹党观点相同的力量集中在他的麾下,这样他就拥有足够的勇气进军柏林,这也是从墨索里尼进军罗马中引发的灵感。

接下来,发生了一个著名的事件:啤酒馆暴动。通过它,希特勒步入了新的政治舞台。这一天,时针刚刚指到九,一声枪响打断了卡尔的讲话,听众们茫然不知所措,为了吸引人们注意,希特勒站到了桌子上,他举起手里的枪,证明了刚刚枪声的来源,人们这时才发现门口还设有机枪,以及封锁了酒馆入口的冲锋队员。在手下的拥簇下,希特勒走上讲台。一位警察想要阻止他上台,却被希特勒的手枪吓得目瞪口呆。据说,当时人们看到卡尔从讲台上灰溜溜地退了下来,早已吓得面无血色,希特勒登上了卡尔的位置,开始演说。"革命的号角已经在全国吹响!"希特勒喊道,"我们的 600 名武装人员已经控制了这里。谁都不可以离开。你们必须安静,否则机关枪火力将平铺在你们的身上。巴伐利亚和德国政府已经被摧毁了,现在,新的政府已成立。军营和警察营房都已归入纳粹党,在纳粹党旗的照耀下,德国将走向繁荣。"

人群的骚动越来越大,戈林提出应该再争取一下他们。于是,希特勒又一次走上讲台,台下布满嘘声,此时,人们还没有完全顺从于他,演说才华再一次助希特勒一臂之力,很快,人们被他打动了。

希特勒表现出了他的真诚,对在场的所有人进行安抚和煽动。他指出这一切都没有什么可怕的,为了渲染气氛,他提高嗓音,对人们表达他的想

法,告诉人们他绝没有一丝一毫的恶意。所以,请人们不要有抵触情绪,更不要心生不满,最后,他告诉人们喝啤酒吧!隔壁房间里正在组织新政府。

就这样,一支由希特勒和鲁登道夫带队,由3000人的冲锋队员和人质以及支持者组成的游行队员从啤酒馆开始,向着目的地——慕尼黑市中心挺进。领头的还有戈林、施勃纳·里希特、罗森堡、乌里希·格拉夫以其他的纳粹头目和战斗联盟领袖。

虽然来势汹汹,但这次暴动最后以希特勒失败而告终,他的党羽也进了监狱。

事态的发展也许并没有常规,唯有强者才能掌控一切。2月26日,不计其数的人关注着慕尼黑,对希特勒、鲁登道夫等人来说,这是一个不同寻常的日子,他们作为被告,其叛变罪行的政治意义可谓重大,远远超过了个人命运的范围。

法庭上唇枪舌剑,具有超凡口才的希特勒口若悬河,虽然在被告席上,却好似原告一般。29日,希特勒做了一次公开抗辩。他与马克思主义者进行斗争,同时,也与软弱无力的议会制柏林政府进行战斗。

法庭上,希特勒的演讲征服了许多人,他的滔滔雄辩和民族主义热情犹如一股强劲的风,吹进了很多德国人心中。退庭以后,许多国家的报纸都将希特勒的名字列入头版头条,即使如此,他仍然难逃银铛入狱的结局。铁窗下的希特勒并没有丝毫的后悔,也没因失败而沮丧,他开始了新的"征程"。在狱友赫斯的帮助下,他开始绘制宏伟蓝图。改造德国,征服欧洲,乃至全世界,第三帝国的种种都被他一章章地编写出来。经过富有经济眼光的出版商人马克斯·阿曼的提议,这本具有自传和政治性短文构成的政治小册子——《我的奋斗》成为书的名字。这是一个反动的、憎恨一切的人所写,书中的内容皆是极为偏激的党派观点。

此书在 1925 年出版,最初并不畅销,之后,它渐渐被人们认识,越来越多的人喜欢上了它,每一年都会再版,其销量也开始剧增,截止 1940 年,销量高达 600 万册,这在德国是前所未有的。因为这本书,希特勒摇身一变,成为了最出色的德国作家,同时,也使他身家百万。

1924 年 12 月 20 日上午 10 时,监狱长通知希特勒已经获释。

出狱以后,希特勒下定决心,要让纳粹党重新登上历史的舞台,成为主角,他要把它建设成为一个通过宪法的合法政治组织。

这一时期,德国政坛人事更迭,主张多变。复杂的政治形势为未来希特勒的崛起打下了伏笔。

时至 1932 年,通过希特勒等人的多方努力,纳粹党成为第一大党,国会议长由戈林担任。在之后的岁月里,纳粹召开了诸多会谈,进行了多次阴谋策划,而其中最重要的支持者便是这位国会议长,最终,纳粹党顺利上台。

希特勒夺权之后,曾向军队保证过,陆军和海军可以完全致力于迅速对军队的重新武装,因此一些高级军官纷纷倒向希特勒这一边。

1934 年 8 月,随着《德国国家元首法》的颁布,希特勒正式就任国家元首。这意味着德国历史上无可比拟的独裁者——希特勒,正式以国家元首的形象走上政治舞台。希特勒完成了从普通的流浪汉走向政治舞台中心的所有里程,然后,他用手中的权力,开始了实现更大野心的谋划。

从 1935 年起,内阁例会逐年被取消,而内阁会议上的表决程序,从希特勒就任总理时期便取消了。这样,内阁逐渐实行了领袖原则,内阁成员也被"纳粹党化"。1938 年 2 月 4 日,希特勒为独揽大权,撤销了内阁军事部,军事部长及国防军总司令之职,皆由希特勒接管。1935 年 1 月 30 日,纳粹政府颁布了《乡镇法》,彻底废除了地方自治的传统。摆在希特勒眼前的首要任务就是利用一切手段造势,以此迷惑德国在欧洲的对手,当然,这个手

段必须是大力度而有说服力的,于是,他决定进行裁军,再以和平的宣传来迷惑敌人,与此同时,努力寻找突破口,将全部对手的实力进行仔细地对比分析,找出他们的弱点。1933年5月,在国会上,希特勒发表了"和平演说"。演讲才能一直陪伴着他的政治生涯,这一次,希特勒再度通过欺骗性的宣传达到了自己的目的,不仅感动了德国人民,使他们支持并忠心于自己,而且还得到了国外人士的一致好评,给世人留下了深刻的印象。

就在希特勒发表这一重要演说的前一天,美国总统罗斯福先下手为强,已将一封感人至深的信件发给了几十个国家的元首。这封信的大致内容就是以和平为主线,详细说明了美国为此做出的努力,特别是在裁军方面,有哪些实质性动作,同时,提出他在和平方面的计划以及希望,其中最重要的一个提议就是将一切进攻性武器废除。希特勒很快予以响应,并加以充分利用。1925年10月16日,英、法、德、意、比、捷、波七国代表在瑞士洛迦诺会议上通过了洛迦诺条约,同年,在伦敦正式签字。此条约中包括如下内容:德国、法国、比利时要保证德国与法国、德国与比利时的边界安全,互不侵犯;各方必须遵守凡尔赛和约上的内容,也就是说,莱茵区不得成为军事化区域;如果发生争端,不能动用武力,需通过外交途径解决。从表面上看,洛迦诺条约是为了欧洲的和平发展,但实质上,它是英国和法国的计策,两国的最终目的是要把战后德国西部边界先固定住,而后使德国将侵略的目标移至东方。希特勒掌权之后,将局面进行了大力度地转变,1936年3月,他派兵进驻莱茵区,接着,此条约被宣布作废。英国和法国的计谋最终没有实现,第二次世界大战随即爆发。

希特勒建立独裁专政期间,为了建立强大的军备力量,也开始猛抓经济建设。可以说,不单单是他的外交能力使他在头几年获得成功,德国经济的快速恢复及发展,也是他政治上成功的基础。

在经济出现严重危机的大背景下，希特勒有效地利用了这一机会，从经济与社会两方面处手，争取到了人民的好感和支持，他曾制定纳粹党的经济纲领。下令在慕尼黑设立经济政策处和经济学科处。

希特勒为了政治上的需求，在经济危机时，经常以机会主义的态度，对纳粹党内不同的人加以利用。除此之外，还对各个群体，宣传并提出不同的经济主张。

若想发展壮大，那么经济命脉必须牢牢抓在手中。1936年，戈林顺利地成为了纳粹经济独裁者，讽刺的是，他几乎没有经济管理方面的才能。在他的统领下，四年计划开始实行，德国的经济开始向总体战争经济过渡。四年计划的目的，只是要使四年之后的德国，在经济上能够自给自足，这样一来，战时的封锁就不会使德国陷入窒息的危险之中。

希特勒在重工业纳入战争轨道的同时，也没有忘记作为后盾的农业。多年来，纳粹党一直在为取得农民的支持下功夫。希特勒策划战争的脚步却从未停息。

一场世界性的经济危机爆发了，这对于发展中的国家来说是致命的，当然，德国也不例外，经济危机使德国的工业生产迅速倒退，人民的生活越来越不安定，国内阶级矛盾日益激化，种种现象刺激了垄断资产阶级对外扩张的野心。他们认为，唯有扩张与掠夺才能有生存的希望和发展的空间，德意志民族绝不能被经济危险打败，要想尽一切办法寻找出路。于是，希特勒争霸世界的主张很快得到了垄断资产阶级的赞成。

仅仅有这一想法还远远不够，发动战争本身就需要巨额资金。而此时的德国正处于前所未有的经济困境，国力日渐衰落，为了达到目的，他们很快找到了解决问题的办法，那就是将贪婪的双手伸向富有的犹太人。

分布在欧洲各地的犹太人与其他民族相比，既富有，素质又高。希特勒

和他的党徒面对这样一个民族，既憎恶又胆怯。在他们的眼中，犹太人这个社会群体严重威胁了他们实现"第三帝国"的美梦。当时，德国的政治环境完全处于混乱和极端的状态，这也促使希特勒更加仇视犹太人。

希特勒上台后，为了他的政治目的，立即发动了骇人听闻的反犹太人暴行。在希特勒看来，犹太人是劣等民族，他们根本无权活在世界上。他们的价值只能是给德国的主子当奴隶。希特勒还认为莫斯科、列宁格勒和华沙等几个大城市也该从地球上消失，苏联人、波兰人等都不应该存活于世，都该被立刻消灭，对于这些地方的人民受到正规教育，希特勒更是无法忍受。

纳粹对犹太人进行大肆的迫害，先后出现三个阶段：第一个阶段是希特勒刚刚夺取政权后的几年间。第二个阶段是从 1939 年到 1941 年间。第三个阶段是从 1941 年到 1945 年。特别是到了第三个阶段，纳粹对占领区所有的犹太人几乎进行了灭绝式的屠杀。

反犹的浪潮越掀越高，1935 年，在纳粹党代表大会上，与会人员一致通过了两部反犹法，它们分别是《帝国公民身份法》、《保护日耳曼血统及德国荣誉法》。这两部法构成了反犹的基本法，人们将其称为纳粹的纽伦堡法。

在随后的几年中，纳粹政权又根据需要先后制定了 13 个补充法令来完善该法律。比如，普鲁士州内政部密令下属不得再给犹太人发放护照，也不准犹太人改名字。在整个社会已经弥漫着反犹气氛的情况下，药房不把药卖给犹太人，旅馆也不让犹太人住宿，到处都竖立着各种反犹标语和标牌，比如：本市严禁犹太人入境等。这些言论具有极大的侮辱性。法西斯在被占领区的暴行，罄竹难书。

再来看英国，张伯伦担任保守党的领袖以后，英国的时局出现了很大的变化，他是伯明翰大资本家出身，同样也是大军火制造商的董事，除此之

外,他还是一个"软骨病"患者,对战争十分恐惧。所以,在他执政期间,全面推行绥靖政策,使英国人民饱受苦难,对于侵略,他坚决采取不抵抗政策,法西斯国家为此感到十分高兴,因为这正好符合了自己的愿望和需要。

希特勒软硬兼施,叫嚣着要用战争从地图上抹掉捷克斯洛伐克,这使法国政府惊恐万分,也使张伯伦心惊胆战。张伯伦给希特勒发了一份急电要求立即见希特勒。

战争仿佛一触即发,1938年9月的一个夜晚,英国首相张伯伦将飞往德国,会见德国元首希特勒,同时在伦敦和柏林宣布了这一消息。这使得世界上很多害怕战争的人都舒缓了一口气。

希特勒十分清楚,这次张伯伦的到来对他来说是天赐良机。所以,在会谈中,希特勒提出了建议,他要求英国割让苏台德区,或者还有另外一个选择,那就是按民族自决的原则作出割让。

奇怪的是,张伯伦并未因此而感到震惊,正相反,他的表现令人难以置信,表明自己能够承认苏台德区脱离捷克斯洛伐克。同时,他还想回到英国后,向政府表达他的想法,并要努力争取得到政府的同意。会谈接近尾声,张伯伦总算得到希特勒的一项保证:在他们再次会谈之前,希特勒绝不会采取任何军事行动。可是,事情并没有想象的那么简单,正当张伯伦陶醉于对法西斯的幻想中时,希特勒却一直没有停止进攻捷克斯洛伐克的准备。

张伯伦回到伦敦后,立即召集了一次内阁会议,他将希特勒的要求说给阁员们听,并电召伦西曼勋爵。出乎意料的是,对于出卖捷克斯洛伐克领土,伦西曼勋爵的决断更为干脆。

此时,张伯伦正为投降政策征求内阁成员及法国的同意,希特勒这边则为了更好、更快、更彻底地打击捷克斯洛伐克,在军事方面进行着有效而具体的安排,命手下的36个师全副武装,按预定行动时间准时进攻。另外,

在政治方面,也进行了严密的准备工作。

希特勒并不是单独行动,他还将匈牙利和波兰拉入自己的队伍中,好处是它们可以分享胜利后的果实。9月20日,希特勒接见了匈牙利总理及外交部长,对他们目前的畏缩表现进行大肆批判并加以威胁:若不参加进来,那么匈牙利以后的命运将不可预知,德方也很难再帮助匈牙利争取利益。

时局随时都在发生变化,9月21日,捷克斯洛伐克还收到英、法两国的最后通牒,通牒上宣称,捷克斯洛伐克如果不接受英、法的建议,英、法两国将不再关注捷克斯洛伐克的命运。

捷克斯洛伐克在面对这一境遇时,将法国和俄国分别假定它在西方与东方的结盟国,这样一来,如果遭到德国与匈牙利的侵犯,那么,它就可以借助与协约国的联盟关系自保。

然而,现实是残酷的,利益才是维系国与国之间友好互助的纽带。英、法在绥靖政策的主导下,为了达到"祸水东引"的目的,不惜牺牲法捷两国的联盟关系。同时,由于英、法的背信弃义,苏联也不可能支援捷克斯洛伐克。所以捷克斯洛伐克只能是孤军奋战,抵抗德国的入侵。

9月21日下午,无可奈何的捷克斯洛伐克政府发布公告决定接受英、法的建议。德国、波兰、匈牙利三国屯兵捷克斯洛伐克边境,战争一触即发。显然,对于整个欧洲来说,9月22日无疑是一个不同寻常的日子,英国为了避免与德国有爆发战争的可能,这天早晨,张伯伦再一次出访德国,与希特勒进行会谈。

这位"爱好和平"的英国首相张伯伦将苏台德区割让给了德国。事与愿违,德方并没有被英方的诚意打动,希特勒贪得无厌,以发展现状为由,否定了张伯伦的计划,他认为这一计划如今已全无用处。另外,希特勒还狂妄地认为,如果德方动用武力,那么,张伯伦所割让的地区简直是无足轻重的,德军只要全力进攻,从捷克斯洛伐克获得的土地将会更多。一席话,彻底毁灭了张伯伦的希望,他灰溜溜地回到伦敦,企图说服英国内阁接受德方的新要求。可是,张伯伦却遇到了很大的阻力,海军部的达夫·古柏勋爵再不肯相信希特勒所做的保证,并提议立即实行总动员。外相哈利克斯也对其持怀疑的态度。英国人民极力反对,捷克斯洛伐克的抗议运动方兴未艾。法国政府也拒绝了戈德斯堡备忘录,并于24日下令进行部分动员。同时,捷克大使扬·乌萨里克代表捷克政府提出了严重的抗议。

张伯伦十分着急,而希特勒的日子也并不好过。尽管希特勒狂妄地叫嚣要在10月1日占领苏台德区,并已经做好了进攻的一切准备,但柏林的老百姓对此却表现出惊人的冷漠。同时,欧洲各国对此的反应也使希特勒不安。

从巴黎传来的消息更令希特勒吃惊,虽说法国仅是部分动员,但是其规模几乎不亚于总动员,据估计,动员在进行到第六天左右的时候,第一批兵力就会在德国边境集结完毕。除此之外,美国总统和瑞典国王也强烈呼吁和平,反对战争。

张伯伦把战争的责任都归咎到捷克总统贝奈斯的身上,自9月27日起,接连给贝奈斯发了两份电报,并警告他,如果在第二天下午之前捷克政府还拒绝德方提出的要求,那么,贵国就会受到攻击,后果将不堪设想。

这是一个弱肉强食的世界,9月27日,对于很多英国人来说又是一个耻辱日,张伯伦向全国发表了广播演说。其中心内容是:为了避免战争破坏英国当前稳定的发展局面,他决定第三次出访德国。

在慕尼黑会议上,法国态度坚决,宣称不怕付出任何代价,不怕任何威胁与可能出现的后果,也要获得对苏台德问题解决的办法。与此同时,美国

政府也在为慕尼黑阴谋进行紧张的策划。他们认为,只要张伯伦倒台,那么就意味着战争的爆发。

牺牲捷克斯洛伐克的慕尼黑阴谋终于粉墨登场。9 月 29 日,是阿道夫·希特勒征服欲膨胀的一天,在那个发生政变的啤酒馆所在的城市,英、法和意大利的政府首脑将与希特勒会面。

会谈在科尼希广场的所谓元首府里进行。参加这次会谈的有:阿道夫·希特勒(德国元首兼总理)、约阿希母·冯·里宾特洛甫(德国外交部长)、尼维尔·张伯伦(英国首相)、霍拉斯·威尔逊(英国首席工业顾问兼张伯伦私人顾问)、本尼托·墨索里尼(意大利领袖兼首相)、加里亚佐·齐亚诺(意大利外交大臣)、爱德华·达拉第(法国总理)、亚力克西斯·来若(法国外交部秘书长)、保罗·奥托·施密特(德国外交部正式翻译),另外,还有两名捷克代表,分别是伏伊特赫·马斯特尼和休伯特·马萨里克博士,然而他们并没被允许参加会议,只是被带进了隔壁的一个房间里。晚上十点,英国的代表将四国协议的要点告之捷克人,并要求二人立即撤出苏台德区。两个捷克代表非常愤怒,他们抗议,可是一点用处也没有。

凌晨 1 时 30 分,与会各方终于达成协议,希特勒第一个在文件上面签了字。

凌晨 2 时 15 分,捷克代表马斯特尼和马萨里克被带进了举行会议的大厅。对捷克的判决马上就要宣布,气氛紧张得令人窒息。达拉第将协定递交给马斯特尼博士,并要求捷克政府遵照协定的内容执行。捷克斯洛伐克最终被自己的盟友法国和英国出卖了。

上午,贝奈斯总统等政界和军界人士讨论捷克的前途。英国和法国不但背弃了捷克,而且还威胁,如果捷拒绝慕尼黑条件的话,英法还将支持希特勒动武。迫于种种压力,最终,捷克斯洛伐克投降了。

同一时间,张伯伦正针对世界和平问题,与希特勒进行会谈。并建议进一步促进英、德两国的合作,另外,还对促进世界经济繁荣一事进行了商讨,双方表示对加强欧洲政治和平都会付出努力。会谈结束后,张伯伦又从口袋里掏出一张写有宣言的纸。让张伯伦大感意外的是,希特勒不作丝毫考虑就在上面签了字,这让张伯伦非常欣慰。可是,事实上,希特勒和墨索里尼已在这次会议中商量好,一旦时机成熟,他们将并肩对英国作战,这才是真正的出乎张伯伦预料。

当英国人和法国人为一纸空文而欢呼雀跃时,他们并没有真正意识到慕尼黑会议的最大赢家是希特勒。根据慕尼黑协定,希特勒获得了最大的利益,他几乎得到了所要求的一切,而"国际委员会"更是对其一再妥协,满足着他的贪欲。

受辱的日子终于到来,1938 年 11 月的一天, 捷克斯洛伐克被迫割给德国 20000 多平方公里的土地,此区域有很多捷克工事,在当时,它们构成了欧洲坚强的防线,除了法国的马其诺防线以外,几乎没有什么再能与之媲美。

之后,贝奈斯总统开始了他的流亡生涯。与此同时,这个国家的名字正式在捷克和斯洛伐克之间,加上了一个连接号。

波兰人和匈牙利人在这期间也获得了很大的利益,他们威胁要对捷克斯洛伐克进攻,而后就像贪婪的猛兽一样,各分得捷克斯洛伐克的一块土地。除此之外,柏林还逼着这个被肢解的国家成立一个具有法西斯倾向的亲德政府。由此,捷克斯洛伐克就生存在第三帝国元首的鼻息之下。

希特勒成功了,他没有耗费一枪一炮就取得了胜利,奥地利和捷克斯洛伐克的苏台德都在他的掌控之下。强权为德方带来的好处颇多,比如为第三帝国平添了 1000 万人口以及大片土地, 为德国称霸东南欧打开了方

便之门。希特勒因此丰功伟绩而威望大增,巩固了他的政权。

希特勒对眼前的胜利并不满足,接下来,他还有重要的事要做,1939年4月,他下达了"白色方案"的密令,这一次,他将魔爪伸向了波兰。

意大利法西斯领袖墨索里尼也获得了巨大收获,很快,意大利便征服了被称为"山鹰之国"的阿尔巴尼亚。这为它进入希腊及南斯拉夫提供了有利的条件。

从这些事件上来看,慕尼黑协定并没有带来和平的福音,反而加速了战争步伐的临近。1939年8月,希特勒的"白色方案"预示着一场腥风血雨的战争就要展开了。一个傍晚,150万德国法西斯军队在夜幕地笼罩下,开始向波兰边境的前沿阵地逼近,等待次日出击。

战火终要从法西斯的贪婪的巨口中喷出,1939年9月1日清晨,德军的"白色方案"的第一号指令被执行,大批军队越过波兰边境,兵分三路进逼华沙。战机的轰鸣声撕碎了天空的宁静,它们犹如嗜血的飞兽扑向即定目标,包括波兰的军火库、桥梁和铁路等。

希特勒认为德国若是占领波兰,就没有进攻西欧的忧虑了,并且也可以将波兰作为入侵苏联的出发基地及军事集结地。除此之外,波兰还有丰富的煤矿资源,除此之外,在许多领域都比较发达,比如:冶金、机器、造船等。进攻波兰对德方非常有利,不仅能在人力物力资源上进行大量补给,而且还可以大大加强德国的战斗力。

面对德国方面的强兵压境,波兰政府缺乏应对战争的思想及物质准备。1939年4月,当德国撕毁波德互不侵犯条约之后,波兰政府还心存幻想地与德国进行谈判。直到8月30日,战争一触即发,波兰才宣布总动员。

波兰与德国相比,在战斗力量、武器装备方面都处于劣势地位,缺乏战斗经费,武器装备落后、低劣,而且对英法帝国主义的"保证"寄予厚望。

战争在继续,1939 年 5 月,法国方面对战事作了积极的准备,将在下达总动员之后的数日内,向诸多目标发动进攻,在德发动主力对波兰的侵犯的同时,法国也将在十数日后对德发动主力部队进攻。

德国对波兰的进攻已经迫在眉睫，而法国早已丧失了作战的勇气,法方统帅向政府表明,自己现在没有能力与敌方抗衡,要等到两年之后,如果那时英国和美国能够在装备和补给上给予帮助,那么,法国才有可能发动真正的大规模的攻势。

英、法两国虽然将免战牌高高挂起,但这并不能限制德国海军对这两个国家进攻。就在开战的 7 天之内,德海军已击沉英国船舰 10 余艘,面对势如破竹的德军,英国人没有表现出应有的作战水平,很快,英国的处境便岌岌可危了。

战争中的对峙越来越明朗化,1939 年 9 月，英国对德军入侵波兰一事向德方发出最后通牒。通牒中声称,英国要履行作为波兰盟国对其所承担的义务,并要求德国政府必须作出令人满意的答复,否则从即日起起,两国便处于战争的状态。

与法国相比,英国似乎更具有魄力,受英国的鼓舞和影响,法国政府经过反复讨论,不久,也向德方递交了最后通牒,其内容几乎与英国相似。这样一来,希特勒想通过外交手段将英法推出波德战争之外的企图彻底失败了。基于此,希特勒作出了快速反应,发布"第二号绝密作战指令",该指令中明确指出:德国境内的全部工业立刻转入战时经济轨道。

英、法两国所下达的最后通牒,遭到德国毫不犹豫地拒绝。在人民的强烈要求下,英国与法国终于不对希特勒抱有任何幻想,匆忙对德宣战。至此,第二次世界大战爆发了。

虽然英法两国兵力雄厚,战略物资充足,但是由于英法两国战斗决心

不坚定,优柔寡断,所以战争初期,他们一直扮演着被动挨打的角色。

希特勒在波兰战场上取得了巨大的胜利,这大大地鼓舞了他的野心,此时,他的欲望像浸水的海绵,一点点膨胀开来,与此同时,他又竭力鼓噪"和平"。道貌岸然地在国会上说:"我没有同英国、法国作战的想法"。

9月中旬,当法国看到波兰军队惨败,便有一种不祥的预感,他们认为德国人不久就会将优势的兵力调往西线,然后再将法国最初所取得的优势吞噬殆尽。

战争爆发以后,法国并没有十足的信心取得胜利,法方政府竭力劝阻英国不去轰炸德国境内,他们担心如果对其不利,定会激怒德国,使其采取更加激进的方式,那时,法国工厂必将遭受惨烈的报复性打击。其实,如果对德国的工业中心鲁尔进行全方面的轰炸,这将是对德国致命打击。后来许多德国将领承认,大战期间,他们最担心的就是此事。

在西线的盟国空军也占有一定的优势。英国的作战飞机大约有1500多架,其中大部分为轰炸机。法国战斗部队也直接掌握着不少于1400架现代化作战飞机。而德军指挥部却将空军主力派去进攻波兰,仅将少量飞机留下,英法利用约3000架的现代化作战飞机来对付德国绰绰有余。

面对这种形势,希特勒尽管作出了在西线采取守势的决策,但他的心里始终是不轻松的。如果西线一旦突破,他的称霸野心就将成为肥皂泡。

1939年9月,在华沙被攻陷之前,德国的各大报纸以及其他媒体又开始进行倡导和平的宣传,并阐明德方坚决拥护和平,对西方没有丝毫的野心。

进入到10月初,法国内阁成员中的大部分人同意和谈,就目前的局势而言,法国人最关心的问题就是如何能保住英法的面子。

希特勒大张旗鼓地宣扬和平,来掩盖自己铁骑下的丑恶,他指使纳粹

匪徒们对波兰人及犹太人进行大规模地杀戮,无辜的波兰人民及犹太人惨死在纳粹者的屠刀之下。自波兰战事结束起,德国就开始将犹太人及波兰人从他们世代居住的家园赶走。

为了更好地对波兰人和犹太人进行压制,1940 年,希特勒建立了一个集中营,选址奥斯威辛,集中营里的管理者都是忠于纳粹的"恶棍",在这批人中,有一个杀人嗜血的家伙,他的名字叫做鲁道夫·弗朗兹·霍斯的。1946 年,他在纽伦堡法庭上承认,在他的监督下,就有 250 万人惨死在他的手中,另外还有 50 万人被活活地饿死。这是一场惨绝人寰的大屠杀,集中营里弥漫着血腥,恐怖笼罩着每一个角落。

希特勒表面上倡导欧洲乃至世界和平,背地里却加紧准备在西线发起进攻。提出"和平意见"后,希特勒立刻召开会议,与会人员皆为高级将领,但是,希特勒以独裁的方式发布各种指令,根本不在乎其他人的建议和意见,更不会主动征求任何人的想法,很快,他发布了西进的绝密第六号作战指令。

希特勒让部队做好作战准备,要求军队对法国的进攻必须全力以赴,尽可能歼灭之,另外,法国的同盟国部队也是重点打击目标。命德军在荷兰、比利时以及法国北部占领更多的土地,以此作为有利于对英国进行空战和海战的基地。

希特勒要求三军总司令按照自己的指示尽快做出作战计划,并在执行的过程中随时向他汇报,如有延误,必惩之。在命令发出之前,希特勒对三军总司令还宣读了一项秘密备忘录。

在三军的将士中,有许多人对西特勒向西线发起进攻的计划表示反对,可希特勒堂而皇之地告诉他们,时间是偏向敌人那一边的。他还提醒这些将领,波兰的胜利之所以成为可能,原因很简单,德国只有一条战线。

德国的海军将领与陆军将领略不相同,在海上,虽然英国舰队的势力比较强大,具有一定的优势,但是,在进攻的时候,德国海军将领却丝毫没有退缩,也不顾及希特勒的任何限制。事实上,雷德尔一直在尽力向元首要特权,要求其解除对海军活动的约束。

9月中旬,德国的海上力量受到打击,英国的航空母舰"勇敢号"将德方的潜艇击沉,地点就在爱尔兰西南。雷德尔被激怒了,他随即下达命令,两艘袖珍战舰迅速驶离待命区,开始对英国船运进行激烈的攻击。

时至10月中旬,两艘袖珍战舰果然没有令雷德尔失望,它们成功地将7艘英国商船击沉,还掳获了一艘美国船只。另外,德国潜艇也取得了非常好的战绩,它们顺利地突破了英国海军基地,并用鱼雷将停泊在港内的皇家"橡树"号战舰击沉,这艘战舰上的780多名官兵,全部罹难。凡此种种,大大提升了海军在希特勒心中的地位。

希特勒在制定战略方面头脑十分清醒、推理缜密、计划精确,无不令人称奇叫绝。他善于捕捉任何一个战机,善于利用一切可以利用的资源甚至是敌人的矛盾,能够针对不同的对手采取相应的对策,行动大胆、迅速、果决。

在战争年代,充足的军事补给是尤为重要的,它能有力地保证前方作战的顺利进行。对于希特勒来说,他那强大的军队最需要的就是铁砂矿。为了能确保瑞典的铁矿砂安全地运到德国,希特勒决定向丹麦和挪威进攻。

只要占领丹麦和挪威,不仅能保障铁矿砂运输线畅通无阻,改变当前对德军不利的情况,甚至可以开展对英国的反击。德国海军之所以到现在都没有直接进入大西洋,在很大程度上都是因为这样的一个战略位置。英国海军就是在这个地理位置上布置了一道精密的防御网,遏制住了德军海军。

新的行动计划总在是战争的进程中不断出现,1939 年 10 月,雷德尔又一次向元首提出了进攻挪威的请求。年底,最高统帅部设立专门小组对此事进行战略策划,他们制定的一个代号为"北方行动草案"的计划。

正在希特勒筹划入侵挪威的日子里,1939 年 12 月中旬,充当德国"第五纵队"的挪威前国防部长、亲纳粹的"国家统一党"领袖吉斯林,乔装打扮,潜入柏林求见希特勒提供内情。

吉斯林在此行中还带了一个非常重要的政变计划,他保证配合德军的进攻,削弱挪威的抵抗力量,他还向希特勒详尽地叙说了英国的作战计划。希特勒喜出望外,亲自接见了吉斯林。吉斯林俨然成为了挪威的头号卖国贼。从此,吉斯林全力为希特勒效劳,帮助他达成征服北欧的宏愿。

反复研究北欧的形势之后,希特勒经过慎重考虑,组建了一个由三军代表组成的特别小组,同时把对挪威的作战计划代号叫作"威塞演习"。

其实当德军正准备"威塞演习"的时候,这个消息传到了英国。因此在德国海军朝目标前进时,英国为数不多的海军也向着纳尔维克前去,一直挺进瑞典边境,另外还到达了一些更远的地区,以阻止德国占领这些重要基地。

新一轮的军事行动即刻就要启动了,1940 年 4 月 2 日下午,希特勒经过长时间会议商讨之后,正式发布了一道命令,即从 4 月 9 日上午 5 时 15 分开始,德军正式发动"威塞演习",开始全面地对丹麦和挪威进攻。要求俘虏两国国王,防止他们逃亡到其他国家。同时,最高统帅部还发出一道命令,指示外交部可采取一切外交手段,劝诱丹麦和挪威不战而降。

当天深夜,运载重型武器的德国船只已经向挪威海起航,四天后,运载攻击部队的舰只也出发了。4 月 8 日,其余各中队都向登陆地点集结。在战役开始前几个小时,德军的航空军和空降部队在德国北部的机场集中。

此时，奉行"中立政策"的挪威和丹麦还没有醒悟。4月4日，德国谍报局中央处处长汉斯·奥斯特上校向其好友荷兰驻柏林武官萨斯透露了"威塞演习"计划。随即，萨斯向丹麦海军上校汇报，遗憾的是，这一情报并未引起两个被威胁国政府的重视。

4月9日，在黎明来临的前1小时，德国向丹麦和挪威发出了最后通牒。表示德国进入两国，并不是要对两国进行侵略，而是要保护其不被英法等国占领，希望他们能够充分认识到这一点，毫无反抗地接受德国的保护。并且表明，任何无畏的反抗都是没有意义的，任何反抗都将被一一击破，为避免造成无益的流血伤亡，请两国政府三思而后行。

与此同时，希特勒已经命令德军的两个师入侵丹麦。只有400万人口的丹麦，就算所有的参军人员加在一起也只不过是一支弱小的国民兵。完全没有与德军抗衡的实力，丹麦只打响了几枪表示反抗过，就再也没有行动了。不堪一击的丹麦就这样被德军迅速征服了。

接下来，德军准备进攻挪威。希特勒预想这个国家会和丹麦一样软弱可欺，他甚至有些按捺不住胜利的喜悦，可是，事与愿违，挪威与丹麦截然不同。尽管挪威的军队很少，但是他们已经做好了顽抗到底的准备，绝对不会像丹麦那样轻易地屈服在德军的脚下。

挪威著名的纳尔维克港口，对于德国来说，这是一个非常重要的地方，它是德国铁矿砂铁路运输的终点。此地的驻军司令早已被吉斯林收买，是一个不折不扣吉斯林分子，于是他没有反抗德军。但港口内的海军却进行了激烈的反抗。不幸的是，陈旧的海军战斗设备怎能敌得过德军的攻击，不久，挪威舰船上的水兵几乎全部阵亡。

南部海岸的克里斯蒂安的海岸炮台曾经两次击退了德国舰队的进攻。可是好景不长，港口的很多炮台都遭到了德军的猛烈攻击，皆被炸毁，最终,纳尔维克港口陷落了。

一个民族的伟大在于它顽强不屈的精神,4月9日上午,德国向挪威政府递交令其投降的最后通牒。很快,挪威政府作出了明确的答复:"我们誓死与德军抵抗到底,绝不屈服。"

虽然有挪威人民顽强的抵抗,可也就是在这一天,德军轻而易举地攻下了挪威首都,但是这并不意味着整个挪威的陷落。

在德军拿下挪威首都后,吉斯林开始公开露面活动起来。他堂而皇之地公布自己是挪威新政府的首脑,还下令禁止任何挪威人继续抵抗德军。吉斯林这种叛国行为是挪威人民所不能容忍的,反而激怒了他们,促使他们进行更为顽强的抵抗。

挪威失去了首都,希特勒派出德国伞兵意图俘虏挪威国王以及他的政府。但是他没有想到挪威国王竟然率领他的军队重创了德国军队。这种强烈的民族精神支撑着挪威的人民,取得了这次战斗的成功。损失严重的德军狼狈不堪地退回了奥斯陆。

既然俘虏行动没有成功,希特勒就想通过威逼利诱的方式劝诱挪威的哈康国王投降。但是哈康国王不同于他的哥哥丹麦国王,他拒绝了希特勒的要求,坚决不承认以吉斯林为首的新政府,并号召全部挪威人民抵抗到底。

在德国军队入侵的同时,挪威政府已经向英法联军发出请求,希望得到他们的援助。但是,由于英法军队犹豫不决,调兵遣将行动迟缓,他们在纳尔维克附近一登陆就惨遭德国战机的轰炸,不得不向挪威内陆撤退。

尽管英法联军在武器装备上不及德军,可是在5月27日,联军还是占领了纳尔维克城。德国看情形不妙,马上出动大量战机,对纳尔维克城进行连续不断的空袭,与此同时,德国陆战队从四面八方进行包围,西线发动全

面进攻,法国危在旦夕,联军不得不在 6 月 7 日撤出纳尔维克。挪威国王和政府官员同时离开挪威,流亡到伦敦。

德军历经两个月的时间,终于全面占领挪威,即使挪威进行了全力的抵抗,可它最终还是难逃成为德国战略基地的命运。尽管德国军队遭受到了一定程度的损失,但这仍是一次重大的胜利。它保证了德军冬季铁矿砂能够正常运输,打开了德国海军进入北大西洋的入口。同时也为德国海军与英国的海上作战提供了优良的港口,缩短了德国空军基地与敌国之间几百英里的距离,完全有利于德军的下一步作战计划。

1940 年 5 月,希特勒命令他的纳粹军团进攻西欧。面对希特勒的来势汹汹,英国、法国、波兰、比利时等西欧国家组成联盟军,早已做好了抵抗希特勒大军的准备。其实西欧几国相加起来的兵力足以和德军抗衡。可是却被希特勒的大军打得节节败退,最后不得不退到敦刻尔克,以至于险些造成西欧盟军的灭亡。

希特勒看到了波兰闪电战的奇效, 这次他依然将实行这种作战方式。命令德军中路的主攻部队,第 19 集团坦克装甲军作为突击先锋,穿过阿登山区,迅速突破马奇诺防线。

被希特勒委以重任的先头部队第 19 装甲军团的统帅是素有 "装甲兵之父"之称的海因茨·古德里安上将。他对他的部队只有一个要求,那就是进攻、再进攻,直到耗尽最后一滴汽油。

德军在几天的时间内横穿阿登山区,越过法国人引以为豪的马奇诺防线,将战火迅速地引到了法国境内。马奇诺防线是法国人的骄傲,它作为一个防御体系,曾让很多的法国人认为,只要有了马奇诺防线,任何来犯都将是徒劳。可是他们没有想到希特勒的大军已经越过了它。

战火迅速燃烧到法国境内,5 月中旬,德军完全占领法国的色当。到了 5

二战浪漫曲

月下旬,大约有 40 万的英国、法国及比利时的军队被迫退到敦刻尔克海港。

英法及比利时联军的三面都已经被德军团团包围,只差背后的英吉利海峡。这种情况对他们来说,可谓是前有狼后有虎,已经陷入了绝境,没有了逃脱的机会。

当希特勒得知英法联军已经全部退到敦刻尔克海港后,他欣喜若狂,胜利已经向他招手。除非有奇迹出现,否则几十万的英法联军将插翅难飞。可他没有想到,奇迹真的出现了。英国皇家海军奇迹般地通过英吉利海峡撤回了 30 几万的英法联军。

其实英国政府在英法联军大举撤退时就已经预见到失败在所难免。刚刚上任的英国首相丘吉尔组织战时内阁召开会议,商讨如何解决 40 几万远征军的问题。有人主张求和,可是丘吉尔坚决不同意,他主张撤退。他认为如果希特勒提出一些不合理的要求,英国如何自处,一个尊贵的民族会被他如何裁决。现在来讲,撤退才是唯一出路。即使一个拥有悠远历史的国家将要灭亡,也不是因为屈服希特勒,而是这个国家的最后一个人民流干了血。

因此,在丘吉尔的主张下,战时内阁命令英国皇家海军部制定撤退计划,这就是历史上著名的"发电机行动"。计划原本是通过三个港口撤退,分别是加莱、布伦和敦刻尔克。可是在德国猛烈地攻击下,只剩下敦刻尔克港口。几十万英法联军唯一的生路只有敦刻尔克及它的海滩。

虽然制定了"发电机行动",可是由于当时情况紧急,德军已经距离敦刻尔克海港不远,按照计划只能撤走 3 万多人。这对于几十万的英法联军来说,简直是杯水车薪。正在丘吉尔及战时内阁想尽办法怎样撤出更多士兵时,一个命令给了英法联军一个机会。

5 月末,德军的装甲军团已经到达距离敦刻尔克很近的地方,所有的德

国大军都在为最后的一战蓄劲待发，马上就可以直取敦刻尔克城。

古德里安上将已经命令他的军队对敦刻尔克进行更猛烈的攻击，正当他一心要把英法联军彻底消灭在这个海港之时，他突然接到希特勒的一个奇怪命令：停止前进，先头部队速返，执行侦察和警戒任务的部队可以继续向前行进。

当古德里安上将接到这样一个命令时，他震惊不已。现在正是一举歼灭英法联军的绝好机会，胜利在望。

至于希特勒为什么这样做，有人说他独断专行，被胜利冲昏了头脑，其实希特勒是有他自己的考虑。

其一，西线作战只是希特勒征服欧洲计划的一部分，将来他还会打响南方战役。此时命令他的装甲部队停止前进，就是为了下一步作战行动考虑。尽管现在的英法军队溃不成军，可他们仍在顽强抵抗，做最后的殊死搏斗。这种作法旨在避免坦克装甲军遭到重大的损失，同时为南方作战保留深厚实力。其二，希特勒最亲密的战友戈林，向希特勒保证，他能够率领空军击败英法联军。其三，敦刻尔克是法国北部的一个海港，遍地都是沼泽和低洼，这样的地理环境不利于坦克作战。

虽说希特勒为此做了这样一个决定，可这个决定所带来的后果是不可预知的。他万万没有想到正是他"停止前进"的命令，使几十万英法联军大撤退成为了可能，促成了敦刻尔克大撤退的奇迹，才会有 1944 年的诺曼底登陆，英法联军实现了反击。

这是希特勒在第二次世界大战指挥中犯的一个重大错误。在此期间，英法联军已经为撤退做准备，加强了对德国的防预措施。

5 月 26 日，英国皇家海军部下达命令，执行"发电机行动"。由此拉开了敦刻尔克大撤退的序幕。

英国政府考虑到敦刻尔克海岸线的海水深度较浅，大型舰船不能靠岸，只能依靠小型的船只把士兵从敦刻尔克海滩运到舰船上。于是英国政府号召全国所有船只出动，包括商船、渔船等，营救英国远征军。英国人民在国家危难面前勇敢地开着自己的船朝着英吉利海峡的另一端敦刻尔克前进，也正是他们亲手制造了敦刻尔克的奇迹。

5月27日，撤退行动正式开始了。最令英法联军忌惮的德国装甲部队恢复了进攻，但是英法联军已经利用这段时间加强防护。在敦刻尔克海港附近部署了三个步兵师，再配合重炮，因此，德国装甲兵团很难进攻。

不幸的是，比利时国王向德国提出了休战的请求，投向了德国的怀抱。这对本就处境困难的英法联军来说，无疑是雪上加霜。德国军队从比利时防区向敦刻尔克长驱直入。

英国和法国的军队已经被德国包围，而且，目前早已没有其他的兵力可供调遣，敦刻尔克的前景不容乐观。就在这紧急时刻，英军的第3集团步兵突围了，其师长为蒙哥马利，他是一个极具军事才华的领导者，经过他巧妙地指挥，英军获得了一线希望。夜深时，他命令全师上下所有人全部乘坐军车，并禁止所有军车打开大灯，把反光油漆涂在军车的减速器上，这样一来，挡泥板下的灯光就可以将其照亮，后车便可以借此光亮前行。为防止出现意外，他还命人在十字路口等容易迷路的地方指挥车队前行。就这样，第3集团步兵师成功从德军的包围圈下逃出，并在敦刻尔克迅速地建起了防线，为此地提供了安全保障。

5月28日，敦刻尔克的上空大雾弥漫，能见度非常低。可戈林不顾如此恶劣的天气，仍命令德国空军出动2个轰炸机大队。但到达敦刻尔克后，终因能见度过低，无功而返。这对英国海军来说是一个极佳的机会，争取到了大量的撤退时间。同时，很多英国民用船只也陆续到达敦刻尔克，此时的英

法联军秩序井然。比前一天多撤出 1 万余人。

5 月 29 日上午，依旧大雾弥漫。英军吸取了前一天上船缓慢的经验，找来一切能够用的东西作为临时跳板，尽最大努力最大限度地运走最多的士兵。

下午，敦刻尔克上空的大雾开始消散。德国空军终于能够大举出动，对敦刻尔克海港及 10 公里的海岸线进行猛烈地进攻。尽管德国加大火力对海滩进行猛烈炮击，英国海军撤退的舰船也损失严重，但由于更多的民用船只加入到了撤退当中，大大地加快了撤退的速度。这一天共撤走了 4 万多人，大大超过了预计要撤走的人数。

5 月 30 日上午，大雾仍然弥漫在敦刻尔克的上空，撤退工作仍在紧锣密鼓地进行中。时至下午，天气情况有所好转，晴朗的天气使德军充满战斗力，随即派出空军出动 9 个轰炸机大队。英军也最大限度地向敦刻尔克派出了战斗机，掩护海面上撤退的船只。英法联军的后卫部队也拼死坚守防线，同德国进行殊死战斗。这一天营救出了 53000 余人，是几天来撤退人数最多的一天。

5 月 31 日，由于连日来德国空军的轰炸，敦刻尔克的港口设施销毁严重，依旧恶劣的天气导致德国战斗机无法出动，即使德国陆军不断地加大进攻，英法联军的防线依然岿然不动，德国人只能看着他们在眼皮底下撤走了。这天撤走人数多达 19 万余人。

6 月 1 日，德国空军终于能够出动，发动了这些天中规模最大的一次轰炸。炸沉了英国三艘驱逐舰和一些小型运输舰，可英国的新式喷火飞机也炸掉了德国很多笨重的轰炸机。戈林没有兑现他对希特勒的承诺。这一天撤退人数高达 16 万余人。

在德国猛烈地攻击下，英法联军的防线已经缩减到很小，英国海军决定改为夜间撤退。

黑暗的夜色有效地掩护了英法联军的撤退,6月2日、3日,成功撤出了英国远征军和6万名法国士兵。到6月4日早晨为止,经过数天艰苦的努力,共撤出33万余名英法联军。自此敦刻尔克大撤退结束了。

这次大撤退成为了历史的转折点。

敦刻尔克战役并没有画上句点,胸怀壮志的希特勒又开始调兵遣将,重新部署,他的下一个目标是巴黎。在此之前,希特勒已经和布劳耶、哈尔德商议战役的第二阶段的行动纲领,代号是"红色方案"。

为实施"红色方案"战役,德军集聚了140个师的力量,其中包括10个坦克装甲师和2个摩托化旅。

"发电机计划"完成的第二天,希特勒发表了告军人书,部署加紧侵占巴黎,狂吹这是"历史上最大的一次战役"。当天早晨5点,德军在希特勒的一声令下,立即向南部进军,在法国数百公里的战场上,德军发起了疯狂的攻势,至此,"法兰西战役"打响了。

地面进攻还未开始时,德军就出动了大批轰炸机,对法国巴黎的空军基地进行摧毁式的打击。一举炸毁了法国飞机500架,牢牢掌握了制空权。此时法国最高统帅部已经完全陷入了失败主义的情绪中,他们已经对希特勒的大军产生了畏惧感,没有了作战的斗志。同时作为盟军的英国也只能派出为数不多的军队。

6月6日及以后的3天里,战况空前激烈,法军处境逐步恶化,节节败退。

曾经对希特勒发动西线战争非常冷淡的墨索里尼,如今看到有利可图,便趁火打劫,决定向英、法宣战。意大利加入到战争中,使得本就压力重重的法国陷入更加不堪的境地,未来不容乐观,而这一局势的转变,对于英

国来说也是不小的打击。

很快,德军距离巴黎只有40公里了,接着,雷诺政府又从图尔迁到波尔多。巴黎城防司令不战而败,交出巴黎,并严令镇压人民反抗。

6月中旬的一天,雷声隆隆,大雨滂沱。时至深夜,雷诺内阁的会议还在进行着。内阁会议是在下午5时开始,这也是雷诺内阁的最后一次内阁会议。不胜重负的雷诺向总统勒伯伦辞去元帅一职。勒伯伦当天立即授权贝当继任元帅,组织新政府,主持法国的一切事务。

贝当上任的第二天,贝当政府通过西班牙大使向希特勒表明希望停战的意向。当天下午,贝当还没有得到希特勒的答复就迫不及待地发表了讲话,通告全国人民已停战。

希特勒找来他的"亲密战友"墨索里尼共同讨论与法国停战的问题。墨索里尼提出自己的要求,其中包括意大利要分得土伦和马赛在内的罗尼河流域。希特勒断然拒绝他的要求。希特勒甚至没有允许墨索里尼参加与法国的停战谈判,墨索里尼就这样灰溜溜地回去了。

和谈的帷幕终于拉开,德国代表与法国停战谈判代表团进行会晤。希特勒和法国举行停战谈判。

贡比涅森林一直是法国人引以自豪的重地。此地是1918年11月11日德意志帝国在第一次世界大战中失败后,向法国及其盟国投降的地方。

6月21日,希特勒及他的随行人员来到了这片森林。几分钟之后,法国以查理·亨茨格将军为首的谈判代表团来了。来到这里,他们的脸上有极难掩饰的不悦,甚至还有屈辱,但依然保持着法国人的尊严。这也是希特勒选择这个地方的用意所在。

德方的凯特尔将军宣读了停战条款。并表示法国人只有无条件的接受,假如对条款有任何不满意或者改动,谈判就此告终。

亨茨格听完条款内容后，非常无奈。德国的行为可谓是公开的抢夺，这比 1918 年法国向德国提出的条件恶劣了许多。

对于这样一个丧权辱国的条款，亨茨格将军极力为法国争取更多的权利，并以自己无权签字为由，一直拖延签字的时间。一直到 22 日下午，凯特尔向他发出了最后通牒，一个小时之后，双方分别在停战协议上签了字。

在德国统治下的法国俨然成为了希特勒的傀儡政权，贝当、魏刚等人更是希特勒的走狗。可并不是所有的法国人都如此。在德法签订协议的第二天，戴高乐将军在英国政府的同意下，通过伦敦广播发布了一次重要声明。

"因为贝当政府屈服了德国，现在的法国不再是那个我们能自由行使职权的国家，法兰西民族已要名存实亡。我们必须重新建立一个能让法国人自由表达意愿的政治机构。"法国民族委员会正式在伦敦成立。

就这样，戴高乐将军组织起在英国及海外的法国武装力量，共同反抗德国纳粹的统治，为解放法兰西民族而战斗。

随着征服法国的成功，希特勒带领他强大的纳粹军团势如破竹，占领的区域越来越大，此时，欧洲的大部分地区都有德军的驻守。希特勒的权力达到顶峰，成为德国人心中最伟大的领袖。但还有一个国家的领导人敢于带领他的人民反抗希特勒，也只有他和他所领导的军队能阻止希特勒暴虐的脚步。这就是英国的首相——丘吉尔。希特勒领导的德国军队也正朝着他和他的国家而来，那是法西斯的下一个目标。

历经比利时和敦刻尔克战争的英国，尽管撤回了大量的远征军，但也失去了精良的战斗设备，虽然德国不擅长海上作战，但德国的战斗机只需要 15 分钟就可以越过英吉利海峡。不过，德国在法国投降后的很长一段时间里，都没有采取任何军事上的行动。

希特勒认为,敦刻尔克撤退后的英国军队损失严重,已经对德国造成不了任何威胁。如果能通过外交和平解决英国问题,不仅在国际上树立起德国强大的威信,更能缓解德国士兵因接连不断地战争导致的疲惫,有利于贮备战斗力量。

希特勒一方面对英宣称,只要英国归还第一次世界大战瓜分的德国领土,不阻拦德国在欧洲的任何行动,德国就可以随时和英国讲和。即使希特勒把他的野心粉饰的很好,可是丘吉尔不会相信他的说辞,更不会屈服于他的强权。他将又一次号召他的人民共同抵抗德军的侵略。

眼看自己的阴谋没有成功,7月16日,希特勒终于作出了决定。他制定了"海狮计划",并立即着手准备,准备时间定为1个月左右。

为了应对即将到来的战争,英国首相丘吉尔再一次发动人民群众。尽管没有作战经验,但为了保卫祖国,人们群情激昂,英勇地拿起步枪和刺刀。丘吉尔把其中四分之三的人编入了正规军,成为有组织纪律性的战士。

8月1日,德国最高统帅发出了关于"海狮计划"的指令:为"海狮计划"而做的准备工作必须在9月15日之前完成,包括空军和陆军;空军将在8月5日前后对英国展开空中进攻,希特勒会根据这次空军打击的具体情况再决定是否在接下来的时间里发动入侵。

一直处于战争优势的希特勒以及他的纳粹将领们对未来保有自信,毫无疑问,他们自觉征服英国必定轻而易举。德方认为:法国已经成为手下败将,如今的英国正处于孤立无援的境地,独木难成林,在短期内打败英国可谓胜券在握。

在8月1日,希特勒发布了对英国进行海空作战的第17号指令,在希特勒的督促下,两天后,戈林下令准备实施"鹰计划",战斗就此拉开序幕,时至12日,德军的目标锁定为英国的雷达站,在疯狂地进攻后,5个雷达站均受损严重,其中1个雷达站被彻底炸毁。由于德军尚不明了雷达之于英军的重要性,所以没有采取全部炸毁的行动。

在接下来的两天,德军对英国的战斗机及战斗机机场进行了猛烈攻击。可是英国空军在雷达的帮助下,击毁了德国47架战斗机,英国只损失了13架,这大大增强了英国人战斗的信心。

接下来,德国与英国展开了第一次大规模的空战。为了能够尽快取得胜利,德军将3个航空队中的大部分飞机均用于此次空战,事与愿违,他们竟然遇上英国大量新式的飓风式和喷火式战机的攻击,损失极为惨重。30架德国飞机被击落,而英国则无一损失。

经过几次严重的教训,德国人终于明白雷达对于空战的意义。

英国在空战能取得短暂的优势靠的就是雷达。只要德国的飞机一起飞,它们的航道马上会清晰地显示在雷达的屏幕上,英国空军通过雷达,可以精密地计划如何应对德国战斗机的攻击。双方空战伊始,德军没有对英国的雷达有长久而持续地攻击,是戈林作战指挥上的第一个错误。

面对当前的形势,戈林进行了考察,发现英军依靠的不仅仅是雷达站,还有扇形站。所谓扇形站,就是英军的地面指挥中心。这个中心通过雷达站、侦查站及空中驾驶员等各种方式获得作战情报。

8月24日,德军改变了作战策略,决定摧毁这些扇形站。德国空军在接下来的10余天内,平均每天出动1000多架飞机,轮番攻击那些扇形站。这是一场耗时战,德军在数量上的优势很快就发挥了效力。7个关键性的扇形站,有6个被炸毁,使英国整个通讯系统陷入瘫痪,英国面临着空前的危机。

如果这种攻击再持续几个星期,将会彻底消灭英国空军的防御力量。可是,令英国意想不到的事发生了。戈林此时犯了第二个战术错误。

在英国战斗机防御力量受到严重损坏的情况下,德国空军开始进行大规模的夜间袭击行动。这就给了英国空军一个缓冲的机会。

德方之所以有这种举动,其原因是英国皇家空军夜袭了柏林。这件事让纳粹党人无法忍受,甚至大为恼火。战争伊始,戈林曾向柏林保证绝不可能受到伤害,而今却遭到了攻击。

9月7日,在黑夜降临的几个小时前,德军对伦敦的空袭开始了。德国空军出动了包括轰炸机和战斗机在内的1000多架飞机,开始在伦敦的工厂、仓库、码头等地方进行猛烈袭击。霎时间,伦敦成为了火的海洋。

连日来夜袭的成功,膨胀了戈林的"信心"。在胜利的驱使下,他下令不再进行夜袭,改为白天进行攻击。这便是戈林的第三次错误。

又一次的打击即将到来,9月15日中午时分,德军的飞机群穿过英吉利海峡,向伦敦而来。可是此时,英国人通过雷达正注视着他们的一举一动,并做好了战斗的准备。

战争并没有如德国人预想的那样乐观,他们曾坚定地认为伦敦必将被炸为平地。但是,现实是残酷的,这一天,德国的战机损失严重,共有185架被击落,而与之形成鲜明对比的英国,仅损失26架。

这次空战的成功,在很大程度上改变了当前对英国不利的局势,成为了大不列颠战役的转折,英国终将不负它"日不落"帝国的称号。

德国在没有空中优势,海军又不及英国皇家海军的情况下,想要陆军越过英吉利海峡全面入侵英国是不可能的。这是自第二次世界大战爆发以来,第一次有国家遏制住他侵略的脚步。自此,希特勒的"海狮计划"失败了。这次计划的失败,希特勒不仅没能征服英国,也丧失了把英国赶出地中海的机会。

局势在不断地变化着,不知道什么时候,就会扩大影响。1940年6月

初,希特勒在攻打法国的时候,斯大林趁机占领了立陶宛、爱沙尼亚和拉脱维亚,他觉得自己上了个大当,因为他只是同意这三个国家作为苏联的势力范围。

希特勒从此对苏联极不信任,他和他的亲信们都认为苏联是另有所图,他担心在东线的 10 个师难以对抗苏联的 100 个师。

6月末,苏联在没有经过德国同意的情况下,自作主张,要求罗马尼亚归还部分土地,并严令其在规定时间内进行回复。事情正如苏联期望的那样,很快,罗马尼亚投降,苏军立即占领了这些区域。

对希特勒而言,他已经把罗马尼亚视为主要的油源,对于苏联的这一举动他感到惴惴不安。

10月,德军进入罗马尼亚,其目的十分明显,目标锁定为黑海口,与此同时,罗马尼亚、匈牙利等国相继站在德方阵营,德、意、日同盟。而许多中立国家,比如西班牙、土耳其等,虽然对外声称保持中立,但事实上它们均有亲德倾向,所以,就总体局势而言,德国在入侵苏联之前颇有胜算。

1941 年 6 月初,法西斯取得了一定的战绩,苏联西部遭到严重的威胁,从这一点上不难看出,希特勒的最终目的就是消灭苏联,而行动的具体计划会在法国投降之后制定。

1941 年 1 月 8 日,希特勒在伯希特斯伯格霍夫举行了一次为期两天的军事会议。在这次军事会议上,希特勒针对消灭苏联,提出了"巴巴罗萨"计划。他认为阻止美苏参加对德战争,应当先从苏联入手。

"巴巴罗萨"是一个充满血腥的计划,希特勒想用武力征服周围的国家,他称霸欧洲的野心世人皆知。该计划宣称,德国不会等到对英战争结束再发动对苏俄的打击,德军会以雷霆般的速度取得战争的最后胜利。希特勒将列宁格勒、莫斯科等作为重要军事战略目标,以"总体战"和"闪电战"

为主要战略形式。

一旦有适宜的"气候",希特勒就把苏德条约变成一纸空文。经过在波兰、法国以及敦刻尔克的军事行动,德军的将士们自信心迅速膨胀,他们一致认为在东方也同样会获得闪电式的胜利。

"巴巴罗萨计划"给德国军队提供了很好的战略指导。1941年2月3日,希特勒在大本营召集会议,对"巴巴罗萨"计划进行了全面性的修正,他将全部精力都放在了这一计划上,对东方之战志在必得。

但是,对苏联开始军事行动的时间被希特勒拖延了四至五个星期。出现这种情况的原因是他要先占领南斯拉夫和希腊,以此作为进攻苏联的序曲。

希特勒对苏联很早就开始关注,攻打之是蓄谋已久的事情。在希特勒掌权的最初,他就认为社会主义苏联必将成为他的一个绊脚石,是阻碍他谋取世界霸权的最大障碍,对其憎恨的程度久且深,同时,他还将苏联作为最终打击目标,声称:消灭苏联是纳粹党的基本思想。

为了达到目的,希特勒曾制造很多假象。比如,德军精心策划的"海狮骗局",这一行动旨在麻痹苏联,希特勒将大批的军队调往苏联边境,并宣称此举是为了更为猛烈地打击英国而做的休整。就在开战之前,德方还不可思议地表明自己要停止攻击苏联,将战斗力量集中到英国。在种种谎言的掩护下,德军早已把大批兵力集结在苏联的边境上。希特勒还狂妄叫嚣,"巴巴罗萨"计划的实施会让全世界大惊失色,为之屏息。

截止到1941年2月下旬,德方已将68万大军调往罗马尼亚。如此大的动作旨在通过保加利亚大举进攻希腊。希特勒之所以毫无顾忌,其原因是得到了保加利亚政府的全力支持,被允许过境。时至2月末,德军渡过多瑙河,向保加利亚的战略阵地集结。

3月末,南斯拉夫首相与外相从国内动乱的时局中逃出,最后到达维也

纳,很快,他们代表南斯拉夫参加三国条约,之前,保加利亚也已经加入其中。不过,事隔不久,南斯拉夫的群众起义推翻了他们的摄政王位。

这一重大政变让希特勒非常生气,将其归结为对自己的最大侮辱,他下定决心要对南斯拉夫进行大肆报复。4月6日黎明,德国飞机对贝尔格莱德狂轰滥炸,接着便是进攻贝尔格莱德,南斯拉夫军队以及北部的希腊军队相继投降。德军士气大振,坦克部队随即开往雅典,将卍字旗挂在了卫城阿克罗波利斯,希特勒为自己的军队感到无比自豪。此时,英国人又一次选择从海路撤军,面对德军压境,英国唯有选择后撤,它在埃及和苏伊士的控制地位已动摇。接连的胜利使希特勒更加狂妄,认为进攻苏联的时机已成熟。

1941年6月22日,凌晨3点半,德军突然对苏联进行攻击,蓄谋已久的"巴巴罗萨"计划正式执行。意大利、芬兰、罗马尼亚和匈牙利也加入了侵略的行列。

苏联在未嗅到战争味道的情况下突然被猛烈袭击,后果不堪设想,短短一天之内,1200架飞机被德军击毁,更加可悲的是,其中有800余架战机还未等起飞就被毁灭殆尽。毫无防备的苏军犹如一卵,不抵德军重重一击,很快,其防线被突破,希特勒初步达到了预期的效果,继而以闪电般的速度向纵深推进。

时至7月9日,苏军损失惨重,共计20多个师被德军消灭,70多个师受到重创,具有战斗力的武器不到一半。而德军则紧逼不放,分别从三个方向对苏军进行围拢,相继推进数百公里。北路由勒布领导的北方集团军群一路所向披靡,占领了列宁格勒附近的普斯科夫,由此带来的后果便是列宁格勒受到了严重的威胁。再看中路,由包克带领的中央集团军群势不可挡,最后占领了明斯克;南路也收获颇丰,由伦德斯特带领的南方集团军群迅速挺进,侵占了日托米尔,进逼基辅。

德国陆军占据了战争的绝对优势,与此同时,空军也不甘示弱,德空军拥有不可置疑的打击能力,一架架飞鹰般的战机在苏军上空快速穿梭,使得苏联陆军几乎不能沿公路行动,曾有半小时左右的时间,苏军前线的控制与通信系统全部失灵,这就意味着更大的灾难等待着苏军,整个军队几乎处于瘫痪状态,一时间乱作一团。

然而,就在大战进行之时,因为苏联却对德国仍抱有一丝幻想,所以,命令苏军不得进入德国,空军深入德军境内活动不得超过90公里,为了避免激怒德国,苏联方面主动与德国外交部保持着无线电联系,面对德军强大的军事打击,它希望日本能够出面进行调和。

中央集团军群不负元首的厚望,在对苏战争中取得了令人满意的战绩,完成了希特勒的预期目标。将白俄罗斯地区的苏军全部消灭,仅俘虏就多达60万人。其他的战绩还包括:摧毁并缴获坦克500余辆,将整个作战区域向前推进800公里。

这一胜利对于希特勒来说是非常重要的,万事开头难,开一个好头意味着接下来的路将更好走。他对纳粹军团充满自信,这一成果是他实施闪电计划的又一个胜利。他兵分三路,大举向苏联全境推进的"巴巴罗萨"计划在初期被证明是可行的。不过,希特勒的狂妄终于在后来受到了打击。

苏联在遭受到惨烈的损失之后,终于醒悟,并对德国开始进行全力以赴的反击。虽然在战争初期苏军损失惨重,但德军万万没料到,苏军人数之多,武器之好,反击能力之强超乎人们想象。总之一句话,之后发生的一切皆不在希特勒的预想之中。

到了7月下旬,在进攻的主要方向上,德军转至乌克兰盛产粮食地区、工业地区以及高加索的俄国油田。另外,希特勒也很想攻下列宁格勒,这样,德军可以在北面与芬兰的军队会师。

1941 年 8 月末,日军与德军大举推进,几乎成为一条直线,两军相距550 公里,直线中心距离后方大约也是 550 公里,德军的进攻几乎成为一个三角形,而苏军的西南方面军恰恰处于这个三角形地区。

希特勒就目前的形式进行周密的安排,他抓住了这个机会,及时地颁布了第 35 号指令,其重要内容是要求德军迅速占领克里米亚和顿涅茨盆地的工业区,想尽一切办法对通往高加索的石油供应线进行阻断。指令中规定执行这次任务的指挥官为古德里安,他要求德军不惜一切代价歼灭苏军第二集团军。

31 日,伴随着德国的空军打击,德陆军第十一军、第五十二军强渡第聂伯河,与此同时,德军对基辅苏军形成了初步的包围态势。

接着,基辅会战开始了,德国调用大量军力开始对乌克兰进行侵占,这是第二次世界大战中典型的歼灭战。

德国军队首先将布琼尼元帅领导的苏西南集团军群围歼,9 月 7 日,德军各师到达谢伊姆河南岸。

对于苏军来说,更为不幸的是第五集团的后方出现了德军装甲部队,于是主将向布琼尼元帅请求东撤。一向英勇善战的布琼尼元帅这次不得不暂时退让,因为他非常清楚苏军面临的困境。

就在这时,斯大林在莫斯科大本营下达了命令,命令中明确指出:任何部队不得后退。他将德国在第三装甲军师的突击下与"布两斯克方面军"失去联系的第二十一集团军拨给了布琼尼元帅。他有十足的把握,认为这样可以阻止古德里安的队伍推进,但是,布琼尼很快就让斯大林失望了。

苏军撤离了杰斯纳河南岸,在 9 月 8 日开始沿着切尔戈夫城设防,而这个向北伸出最远的支撑点还掌握在苏军手中。因此苏军不得不在三个方向同时进行防御。

德军九十八步兵师一部已经从南抵达这里并与第十七步兵师建立了联系。因此,切尔尼戈夫仅在东南方向有一条与苏第五集团军主力进行联系的狭窄通路。

截止到目前,苏军仍然没有准确地判断出此次歼灭战的规模。正雄心壮志地准备不惜任何代价守住基辅。面对当前局面,苏军很快采取了相应对策,迅速加强杰斯纳河畔的奥斯捷尔两侧的防线,调动大批军队。

出乎苏军意料之外的是,此次调遣军队适得其反,反而让德国第九十八步兵师有机可乘,德军很快向北进攻,行至中途还占领了斯莫利诺,这是一支非常强悍的部队,一路上击退了许多苏军,从而与自北向南的德军配合,对苏军形成夹击之势,最后取得了胜利。

9月11日,德国由西向东的第六集团军和由南向北的第二集团军在第一个地点会和,第六集团军强渡了第聂伯河和杰斯纳河,而且行动上获得了相当大的自由。

此刻,第二集团军经过了两个多星期的战斗强渡了杰斯纳河,并不断用坦克袭击苏军左翼,这支部队的先遣部队于9月14日进抵罗姆内地域。

此时,德军在第聂伯河附近的正面进攻正在进行中,并形成了封闭合围圈。9月10日,又有新的集团军发动了猛烈的攻势。

时逢秋季,由于道路比较泥泞,所以两个坦克集群的前进速度受到了影响,为此,德军制定了相应的对策,以达到预期效果。

此时,德国的坦克集群正拼尽全力阻止苏军对抗,同时,以重兵侵入敌方,将其割裂。

9月20日,基辅城被德国第六军团攻占,同日,德军第四十六装甲军作为生力军与苏军的生力军形成对立,苏军被德军击退。

9月26日,交战结束。德军最高统帅部战报宣布俘敌66万余人,缴获

火炮 3700 余门、坦克 880 多辆。

面对这一结果,希特勒十分高兴,扬言要让列宁格勒从世界上消失,德国军队占领了什利谢尔堡,这样一来,就从陆路上对列宁格勒进行了封锁。苏联红军的保卫列宁格勒之战就此开始。

列宁格勒很快发生了饥荒,但人们在极其艰难的境遇中仍然坚守城市,希特勒的美梦就要实现,他妄图攻陷列宁格勒后,再将魔爪伸向莫斯科。然而,事与愿违,这座英雄城市始终将法西斯军队拒于城外。德军不得不暂时放弃,转而向莫斯科进军。

莫斯科的战火即将燃起。

当希特勒沉浸于基辅会战的胜利之中时,苏军已经设置了两道坚固的防线,而且,莫斯科可怕的冬天来临了。此时,希特勒仍在积极部署,打算在莫斯科打一场大胜仗。

1941 年 9 月 30 日,希特勒制造的"台风"逼近莫斯科。几次小战役的胜利让德军更加得意忘形。之后,德军将距离莫斯科不远的两股苏军团团包围,并对其进行无情的打击,使之受到重创。随后,德国装甲部队全速前进,不久,其先锋部队已经挺进距离莫斯科只有 40 英里的地方,行军速度之快,令全世界为之震惊。

在这种危急的情况下,苏联的各个部门,匆忙地撤往安全的地方。德国的将军们得知这个消息之后,一致认为,在希特勒大胆作风的指导下,再加上有利于的自然条件,德军在苏联严冬来临之前就可以完成对苏联的占领。甚至柏林的一些电台已经开始提前庆祝胜利了,并扬言德军进入莫斯科的典礼已经策划筹备完毕。

此时的苏联正雨雪交加,随之而来的状况就是路况糟糕,气温下降的幅度很大。这一突如其来的变故让德军措手不及。他们事前并没有料到天

气会忽然冷得如此厉害，没有准备冬衣，因此德军中出现大量被冻伤的士兵。不仅如此，就连德军的枪炮也被冻得无法正常使用。苏军抓住这个有利时机，对德军展开前后围攻的策略。在腹背受敌的情况下，德军士气大衰。之后，在苏联猛烈地攻击下，德军更是狼狈不堪地后退50英里，以避开苏军的锋芒。

即便如此，希特勒仍然盲目乐观，以为针对莫斯科的胜利就在眼前，便下令全力攻打莫斯科。于是，德军不顾一切地发起猛攻，终于取得一些进展，然而，付出的代价是极为惨重的。整个11月，苏联的气温都维持在零度以下，而此时正值暴风雪频发期，这种环境对德军极为不利。德军从三面进攻苏联的首都，猛攻之下，取得一些战果，三股军力渐渐向目标合拢。

在战斗中，希特勒派出火力最凶猛的坦克部队对莫斯科进行强攻。一天，德军的一个侦察营突然在莫斯科的城郊出现，可以说，莫斯科就在眼前，可就在第二天，他们的美梦就被苏军的几个坦克打破了。这是德军在这场战斗中到达的距离莫斯科最近的一处地方，至此，德军再也未能向前推进一步。苏联军队进行了顽强的抵抗，很快苏军就建立了一支专门的军队，开始进行反攻。

在敌人进攻日益猛烈的情况下，斯大林下令各处军队都要对自己驻守的地方进行全面防御，以应对德军所采取的迂回战术。

12月初，莫斯科的气温达到了零下30多度，这使得德国军队更是寸步难行，其损失也越来越严重。

12月5日，德军在以莫斯科为中心，200英里长为半径的半环形阵地上，遭到了苏军的全面遏制。当天傍晚，一支庞大的德军无奈之下选择撤退。同时，勃劳希契辞掉了自己的陆军总司令的职务。这一天对于德军来说是灰暗的。从此，苏军渐渐具备了反攻的条件。

战场的形势难以捉摸,谁也无法预料下一步谁会取得优势。苏联中路战线司令格奥尔基·朱可夫将军带领苏军开始对德军发起进攻。这支由多个兵种组成的部队,让希特勒大为震惊。他们猛烈无比的攻势,使德军遭受了无法修补的重创。

显而易见,此时的德军已经丧失了进攻的能力。过了不久,希特勒宣布,在苏联战线上,德军从进攻转为防御阶段。之后,苏军大举挺进,解放图拉。一个月以后,苏联重夺加里宁的控制权。不久,苏联宣告在西部的反攻计划完成。此时的德军一再撤退,对苏军已无法造成威胁。

进攻苏联的惨败,使德军出现恐慌。希特勒下令德军不可后退一步,直到全部战死为止。即使如此,德军还是无法抵挡苏军的攻势,败局已定。德军想要闪电夺取莫斯科的计划宣告破产了。

与此同时,苏联红军已先后解放了罗加切沃、亚穆加等十余地,为第二次世界大战的根本转折奠定了坚实的基础。

就在苏联逐渐占据优势,德军处处被动的情况下,地球的另一侧发生一件让战火从欧洲燃向全世界的重大事件:1941 年 12 月 7 日,日本派出飞机轰炸了珍珠港。这个事件的发生,让希特勒大为震动。

第二天,希特勒从外地乘坐火车赶回柏林。他曾私下答应日本,如果日本对美国发动战争,那么德国也会对美国宣战。现在已经到了履行这个诺言,亦或是推翻这个诺言的时候了。

1941 年 12 月 7 日早晨,美国的重要军事基地珍珠港阳光灿烂,基地周围的海面平静如常。不过,这只是暴风雨前的宁静。

这一天,来自华盛顿的美国官员正准备与日本的代表进行谈判,军乐队正奏响美国国歌。这时,日本的飞机正成群结队的赶来,飞到珍珠港上空,并投下重磅炸弹。霎时间,珍珠港成为一片火海。美军停泊在港口的军舰,几百

架飞机,顷刻间被炸毁。据统计,美军在这场灾难中死亡 4000 多人。

此后,日本进行了长时间的轰炸,珍珠港受到重创。偷袭珍珠港两个小时以后,日本才正式对美国宣战。由于日本采取的是偷袭行动,使得美军在受到袭击之初没有作出及时的反应,这才让珍珠港落得如此境地。日本偷袭珍珠港,迫使美国对日开战。从此美国正式加入到反法西斯阵营之中。作为一个军事强国,美国一直是个很安定的国家,从它成立以来一直到珍珠港事件爆发前,领土只有在墨西哥战争中受到过他国攻击。事后证明,日本为此次偷袭珍珠港付出了惨重的代价。

日本的这次行动,让希特勒感到十分震惊,因为在对美国进行偷袭活动之前并没有告知德国。希特勒曾在与日本外相松冈许的会谈中,口头上答应如果日本对美国发动战争,德国会帮助日本。这种保证虽然不止被提及一次,但一直没有签署书面文件。

而希特勒此时此刻又正为重新整顿在苏联战场上丧魂落魄的将领和狼狈后撤的部队,忙得不可开交,可谓身心俱疲。

日本结束偷袭行动之后,便立刻派人去询问德国人的态度,并要求德国立刻对美国宣战。

由于德国的处境也很困难,因此希特勒对于是否立刻向美国宣战颇费思量。思虑再三,最终他还是决定同美国宣战,因为他对日本的军事实力还是很有信心的。他下令德国的海军可对美国军舰发起攻击。

在此之前,希特勒曾郑重地对日本强调,绝不能让美国参入到战争中来。

1941 年,纳粹分子很迫切地想要日本加入战争,里宾特洛甫极力鼓动日本官员表态。3 月 18 日,德国海军元帅雷德尔在开会时,不停地建议日本尽快对新加坡发兵。3 月 26 日,日本的外相松冈到达柏林。此时的希特勒正焦头烂额,因为当天晚上南斯拉夫的亲德政府垮台,他只能想其他办法重

二战浪漫曲

新控制这个国家。为了有足够的时间处理南斯拉夫的事情，他对日本外相的接见只能推迟到当天下午。经过仔细考虑，下定了消灭南斯拉夫的决心之后，希特勒开始对日本外相阐述他疯狂的战争理论，不停地煽动战火。

在这期间，日本外相松冈前往意大利，和墨索里尼进行了一些关于战争的会谈。之后，他又回到柏林，这使得希特勒十分兴奋，因为此时的他太想打赢战争了。松冈再次来到柏林，正好可以让日本在太平洋上对付英国，这样他的压力就小了很多。他之所以极力地将日本推向战争的漩涡，不过是想让它成就自己征服世界的野心。然而，事情并不会那么简单，日本也不是任人摆布的布偶，它也有自己的算盘要打。日本认为只要一天没消灭美国太平洋舰队，隐忧就会一直存在。而在还没有解除忧患之前，对英国宣战等于是作茧自缚，这样做无疑是得不偿失的。至于对付苏联，那更是想都不要想。德国人不明白日本人这个想法，也就不知道日本人既不会先对付英国，也不会先对付苏联，而是会对美国先下手。

对美国宣战已经成了必然，日本将德国逼到了墙角，德国进退两难，那么就只有跟着日本一起向美国宣战这一条路可走，但是德国的诸位将领并不看好这场战争的结局，他们已经开始对此产生了深深地疑虑。

1941 年冬天，德军在莫斯科第一次尝到了大败的滋味，因为苏联人取得了斯大林保卫战的胜利。自从东线战争情势转变以来，希特勒的情绪和身体状况都受到了很大的损伤。希特勒的私人医生甚至开始给希特勒服用各种药物，不仅如此，他每天还需要打针才能维持正常状态。最严重的是，每天晚上不吃安眠药，希特勒就无法安然入眠。

希特勒清楚越快结束与苏联的战争就会越对德国有利。因为美国生产军火的能力很强，一旦给予苏联武器上的援助，那后果将不堪设想。所以希特勒计划与苏联的战争最好能在 1942 年结束。

二战中的成王败寇

这一年三月底,希特勒收到一份报告,报告中指出德军在苏联缺乏越冬所必备的物资,将士们只能靠意志力和严寒作斗争。冬季战争终于结束了,德军在这场战役中受到的损失无法挽回。死去的军人不计其数,人力和物力都相当缺乏。

现在,希特勒最需要的就是石油、武器和人力资源。经过紧锣密鼓的部署之后,希特勒决定在夏季对苏联发动一场声势浩大的进攻。不知道出于什么原因,希特勒对于苏联总是怀着势在必得的想法。于是,他动员全部力量,组成 193 个师,从德国的盟国或仆从国拉来更多的兵力,这些兵力约占轴心国在东线总兵力的四分之一。

就这样,残酷的战火再一次在伏尔加河畔点燃。德军为了在进攻斯大林格勒右侧时不遇到强烈抵抗,率先开始占领克里米亚半岛。之所以要先占领此岛,是因为它地处斯大林格勒的右侧,有了这个据点,德军就可以轻易阻击前来对斯大林格勒右翼进行救援的苏军。1942 年 5 月 8 日,德军在刻赤半岛发动进攻。双方经过一番激战,德军于 5 月 16 日攻下刻赤。除了赛瓦斯波尔要塞外,德军占领了克里米亚半岛。德军进攻克里米亚,是斯大林格勒战役的前奏。

希特勒最近指挥的战役是相当成功的,从地图上不断扩张的领域就可以得到这个证实。斯大林此刻的情绪是沉重的,因为德军对斯大林格勒和高加索的攻势十分凶猛,苏军的反抗非常顽强。

德军最初占领了一个产油量很大的油田,以此为军队进行补给。接下来,他的主要目标是斯大林格勒最大的油田,一场更激烈的战斗即将开始。希特勒真的是一个谜一样的人,他的想法总是那么飘忽不定。此时的他命令两大集团军包围斯大林格勒和莫斯科,再让另外一股军队作为侧应,如此一来,这场战斗的胜算就更大了。他认为此次对苏联的战争,已经胜券在握。

就在战事进入关键时刻的时候,俄军竟选择了向后方撤退,先把兵力撤到斯大林格勒,然后又撤到顿河下游。

哈尔德等人知道后,连忙赶来劝解希特勒更改作战计划,可是他们的提议并没有被接纳,希特勒依然故我,决定按一开始的想法推动战争的进程。

过于自信可能会把人带到死亡的边界。这一次,希特勒的过度自信让他尝到了苦果。进攻斯大林格勒并没有想象中的简单,即使攻击的速度很迅猛,但进军的步伐依然缓慢。

1942年11月19日,蔡茨勒向希特勒报告,苏军以100万兵力、13500门大炮、900辆坦克和1400架飞机的强大战斗力,沿着顿河发起了强烈的冬季攻势。苏军先以重炮射击,密集的炮火此起彼伏,大量的坦克和步兵向南运动,突破罗马尼亚军的防线。就这样,罗军的防线不堪一击,自行解散。

在听到俄军突破包围并开始反攻后,蔡茨勒就建议希特勒把军队从斯大林格勒撤到顿河一带,以保存实力。可是这个提议却依旧遭到希特勒的拒绝。

战争的进程与之前的设想反差太大,这让希特勒一下无法接受眼前的事实。在发泄过心中的怒火后,希特勒命令海姆将军继续指挥眼前的战斗,但结果却导致第二师的坦克军全军覆没。

12月23日至28日,包围圈以外的塔青斯卡亚机场失陷,该机场对斯大林格勒空运补给占有特殊的重要地位。此地失陷的结果是十分严重的,对原本已经补给不足的情况雪上加霜。

蔡茨勒向希特勒提出将高加索的部队撤回的请求。前车之鉴历历在目,希特勒这次只能接受。

现在是苏联红军聚歼斯大林格勒纳粹军队的时候了。战场上的力量对比开始发生了变化。1943年1月8日,苏军带来了罗科索夫斯基将军最后

一份通牒,这份通牒提醒保卢斯,他所率领的军队已经快被击溃,他的唯一出路就是马上投降。苏联会优待战俘,不会让他们遭到侮辱。通牒要求保卢斯于 24 小时内答复。希特勒要求保卢斯不顾一切地进攻,苏军便向德军展开最后攻势。此时,斯大林格勒城内发生了巷战,德军在这里遭受了鲜血的洗礼。在巷战中,德军已经耗尽了最后一支预备队,这为斯大林的反攻创造了条件。

1 月 21 日, 德军 B 集团第二军团群原定扼守的防线出现了一个 300 公里宽的大缺口。德国的第二集团军在安保方面出现了隐忧。1 月 24 日,阵地又被苏联从中间截开,他们失去了最后一条可以逃跑的通道。

苏联方面再一次给德军投降的机会,保卢斯接到苏军的通牒后,心中很矛盾。他向希特勒请示是否可以投降,但得到的回复是必须死守阵地,哪怕全部战死也要坚持下去。

2 月 2 日,这支部队实在无法抵挡苏联猛烈的炮火,无奈之下,最终还是选择了投降。投降之前,他们给希特勒发去一封电报,说明自己已经和苏军战斗到最后一人,并高呼德国万岁。

四处都是覆盖的冰雪,硝烟仍未散去,但战场已经平静了。对于希特勒,这一切都是一场梦,斯大林格勒战役已经结束。整个世界改变了,希特勒正带着他的第三帝国走上末日的道路。但此时的希特勒并不知道这些,他正忙于处理政府内部问题。

为了巩固自身政权,上台一年半的希特勒准备把阻碍自己的德国军官团彻底瓦解。德国前总理库特·冯·施莱歇和冯·勃莱多夫将军等人先后被杀,这时总参谋长路德维希·贝克上将不得不对最近的事情进行详细分析。

对于希特勒这个人,贝克一开始就不信任,为了阻止希特勒疯狂的举动,贝克准备让希特勒从这个世界上消失,而当时同意贝克意见的还有卡

纳里斯。但这并不是容易的事,需要从长计议,好好盘算。

1938年春,贝克一直在苦苦等待刺杀希特勒的时机终于到来。希特勒着手准备入侵捷克斯洛伐克的相关计划,这正是一个好机会。

到了秋天,希特勒以苏台德地区的德意志族问题向捷克斯洛伐克提出无理的要求。一旦捷克斯洛伐克不答应割让领土给德国,那么德国就会用战争的方式解决问题。

对于希特勒作出的决定,贝克坚决反对。可是,希特勒并不在乎他如何看待这件事,依旧坚持己见。在毫无办法之际,贝克决定辞职。但辞职并不代表做出让步,下台的贝尔,头脑反而更加清醒,他通过以往的人脉,很快让埃里希·菲尔基贝尔、埃尔温·冯·维茨勒本等人与自己站在同一立场。

经过之前的讨论,贝克已经整理出一个大概的方案,这个方案就是,在希特勒入侵捷克斯洛伐克前他们要提前进行刺杀行动。只要逮捕了希特勒,并把他成功地送到法庭,那么计划就成功了大半,他们已经在法庭中部署了对希特勒审判的全部程序。

可是,这一完美的计划却无实施的一天,因为英国首相竟亲自前往慕尼黑,同达拉第、墨索里尼以及希特勒三位政府首脑进行会晤,经过讨论,最终签订了《慕尼黑协定》。这个消息传来之后,贝克非常失望,因为合约的签订也就意味着捷克斯洛伐克已把苏台德割让了出来,这就意味着刺杀希特勒的机会没有了。但事情到了这里并没有结束。

想推翻纳粹政权的人不在少数,冯·施道芬堡上校就是其中一个,在知道有"黑色乐队"的存在后,他便加入到这个队伍当中。他加入时,正赶上一次重要的会议,"黑色乐队"中有与希特勒关系非常亲密的人,他正在安排希特勒巡视巴黎的准备工作。如果想在这时除掉希特勒,无疑是最佳时机。

希特勒对他们来说是一个很大的威胁,只要有这个人的存在,他们就无法推翻纳粹政权。上次的最佳计划已经在协约签订时遭到了破坏,然而,好的机会竟然这么快就再次来临。

"黑色乐队"成员中大多数人都希望可以趁此机会让希特勒消失,可是贝克和卡纳里斯却反对,他们不希望让希特勒的死造成内战,进而为苏联提供伤害德国的机会,成员间并没有为此事而达成共识。

德国在与俄罗斯交战时正值冬季,特殊的季节让德军大伤元气。与此同时,"黑色乐队"的人数在不断增加,所包含的地区越来越广泛。他们制定了"伐尔基利"计划,想通过外国劳工的暴动,让陆军的权力取代纳粹党、盖世太保以及其他的党派。

就在希特勒的处境陷入低谷的时候,"黑色乐队"派出好几拨人手对希特勒进行暗杀,只是,不知是希特勒运气好还是什么原因,竟让他把不下六次的暗杀全部躲掉,暗杀终以失败告终。

1943 年 2 月 2 日,希特勒已经确定了被困在斯大林格勒的第 6 集团军全军覆没。希特勒即将前往,与汉斯·克鲁格陆军元帅商讨接下来的军事计划,汉斯·克鲁格陆军元帅的参谋长很快便把这一消息传给了"黑色乐队"。这就又一次为暗杀希特勒提供了绝佳的机会。如果这次能够成功,那么接下来就可以实施"伐尔基利"计划。

1943 年 3 月 13 日,希特勒将乘坐运输机前往斯摩棱斯克。在希特勒登机前,"黑色乐队"做好了一切安排。首先是特莱斯科夫将军从谍报局中拿来一枚小型的炸弹。特莱斯科事先把炸弹装在一个瓶中,然后把它交给希特勒的随从,只要有人触及到瓶子上的按钮,炸弹就会爆炸。

就在"黑色乐队"觉得计划已经成功的时候,却传来希特勒已经平安抵达了斯摩棱斯克的消息。听到这个消息,"黑色乐队"的成员十分震惊。飞行员后来解释说,飞机遇上了湍云和气流,颠簸得厉害。当飞机达到一定的高

二战浪漫曲

度时，飞机中内部的温度也会相应的下降，所以才会让酸腐蚀液冻住，没有引起炸弹的爆炸。

"黑色乐队"已经没有多少时间了，他们找到很有声望的隆美尔。希望可以通过他来制止将要发生的内战。

诺曼底登陆之前，党卫队已察觉到"黑色乐队"的存在，并通过一系列的调查后逮捕了卡纳里斯的助手奥斯特。

1944年6月，由艾森豪威尔指挥的部队很快在诺曼底登陆。双方交战死伤无数，德国在这场战役中大败。"黑色乐队"小心地观察着希特勒的动向。

希特勒每天都会有两场会议要开，所以在会议上杀掉希特勒也是一个好的主意，而这次前去参加会议的人是冯·施道芬堡上校。

冯·施道芬堡上校本是一位很英俊的人，但自从装甲营撤退后，他就变成了残疾。对于这次行动中的危险，他深有了解，但是他宁可用生命作赌注，也要确保这次的计划成功。

1944年7月20日，施道芬堡在准好一切后，乘坐飞机飞往柏林。

一下飞机，施道芬堡便把事先准备好的炸弹用衣服包起来放到手提箱中，然后赶忙乘坐汽车前往希特勒所在的位置。由于前线战争的败退，希特勒所在的总部可以说是乱成了一团，而门口的警卫却查探得更加严密了。

施道芬堡有点心慌，他深吸一口气后还是来到了门前。卫兵看了施道芬堡一眼便觉得他不是一个危险的人物，毕竟让一个残疾人做出一番惊天动地的事还是有难度的。

进入会场后，施道芬堡感觉一下轻松了许多，如果炸弹刚刚被搜查出来，那么，不仅计划泡汤，而且就连他的性命也不保。施道芬堡在凯特尔的陪同下来到会议室，在去会议室的中途，施道芬堡随便找了一个借口，在无

人的地方,启动了爆炸的装置,然后才与凯特尔会和。

进入会议室后,施道芬堡发现已经有好多人在那等待。希特勒看了一下施道芬堡的样子,没有给予任何的回应,他漫不经心地坐在了希特勒旁边的空位上,然后把手提箱小心地放到地板上。

几分钟过去了,施道芬堡知道事情已经差不多了,然后找了一个借口离开会议室,准备验收接下来的成果。就在施道芬堡在外面抽烟的时候,忽然"轰"的一声巨响,炸弹爆炸了。

放着地图的桌子被炸的木屑纷飞,屋里浓烟滚滚,屋顶被爆炸的冲击波震塌下来,窗子飞了出去。炸弹的威力如此之大,但是希特勒却没有死。原来,会议的过程中,一个上校觉得手提箱放在那里很碍眼,就把手提箱从原有的位置挪开了。

施道芬堡看到炸弹成功爆炸,便以为这次行动万无一失,所以没有进一步确定后就离开了现场。就在施道芬堡回到柏林后,却听到希特勒没有死的消息,不禁气愤万分,埋怨自己的大意。这次行动的失败对于"黑色乐队"来说,无疑是最大的遗憾。

炸弹爆炸后,"伐尔基利"计划就开始执行。只是,这次计划并没有成功,相反被希特勒的军队包围。

隆美尔元帅受伤了,对计划的实施将不会有太大的帮助,而接手的克鲁格元帅虽是一位很谨慎的人,但是只要触及到自身的利益,他的承诺就会变得摇摆不定。不过,面对现状,也只好赌一赌了。于是,贝克给克鲁格元帅打了电话。果然,克鲁格元帅给出的答案和上次没有什么区别。

电话线已经切断,贝克知道,他们的大势已去,不会再有什么机会了。贝克颓废的坐在奥尔布里希特的办公室里,夜色深邃,就像一个填不平的深洞要把人吸入当中。就在贝克还在沉思的时候,却听到外面的动乱声与

接连不断的枪声。还没等贝克反过身来，就有人从外面闯了进来。

门开启的瞬间，贝克看到的是施道芬堡跌跌撞撞地闯了进来，那血流不止的身体就像是一种警告，就在贝克帮助施道芬堡包扎伤口的时候，跟来抓捕的人也来到了屋内。

死也要死的有尊严，就在此次带队进行抓捕的弗洛姆要贝克交出武器时，贝克选择了用自己的手枪自杀。贝克死后没多久，施道芬堡、奥尔布里希特和两位助手先后被枪决。

卡纳里斯也难逃一劫，盖世太保怕遗漏了"黑色乐队"的成员，又进行了详细地调查。最后，盖世太保发现卡纳里斯曾经也与"黑色乐队"有联系，于是便下令将其逮捕。7月23日这一天，卡纳里斯还是没能躲过层层埋伏，最终被捕入狱，受尽了折磨。1945年4月9日是灰败的一天，卡纳里斯与他的助手奥斯特一起被枪决。

"黑色乐队"事件看上去已经平息了，其实不然，盖世太保一直在暗中调查这件事情，通过盖世太保的不懈努力，他们还是顺藤摸瓜，找到了一直在家养伤的隆美尔元帅。

在隆美尔拒绝去柏林后，翌日就有两位将军来到了隆美尔家，并强行要与隆美尔进行单独谈话。这时的隆美尔显得很狼狈，眼睛里的光芒已经黯淡了，因为希特勒指控他犯了叛国罪。之后，隆美尔接受了他们给的服毒机会。

很快，电话响了，隆美尔夫人被告知，隆美尔在坐车的途中，由于脑血栓病逝。

至此，"黑色乐队"彻底被希特勒的手下打垮了，与"黑色乐队"有关的人已经从这个世界全部消失。

那时的希特勒已经站在了德国权力的最顶端，但他还是不满足，仍然

四处挑起战争。但今非昔比,在东线战场,苏军已经将德国军队彻底驱逐出境。

1944 年 6 月 6 日,盟军终于决定向西欧进攻。

此时的战争局势对盟军非常有利,盟军可以顺利地攻打西欧。在苏德战场上,纳粹军队连连战败,苏军大举反攻。迫于苏军的强大攻势,希特勒只好将大量兵力调去牵制苏军。

西欧的各国人民展开了积极地反法西斯运动,给德军在那里的势力造成了严重的威胁。同时,地中海和大西洋的海上航道均已被盟军掌控。种种条件,都为反法西斯军队开辟第二战场作足了准备。

在世界反法西斯战争不断扩大的背景下,丘吉尔访问了美国。他与美国总统在阿卡迪亚会议上,商讨了对抗轴心国的一系列问题。

1941 年 6 月 22 日,德军对苏联进行了猛烈地袭击。其规模之大,使世界为之震惊。

英国首相丘吉尔终于不再担惊受怕了。因为他知道,英国终于得到了一个强大的盟友。于是,丘吉尔立即草拟支持苏联的声明。

不久,美国总统对丘吉尔作出了回应,也发表了一份声明,声援对德作战的苏军。罗斯福表示,在苏联对抗德国的过程中,美国将尽可能地为苏联提供援助。

苏联、英国、美国等所有反法西斯的国家,都产生了强烈的联合抗击法西斯的共同愿望。

由于当前的形势,英美两国都想同苏联结成统一战线。丘吉尔,有着最现实的考虑,那就是如果英国得不到苏联的绝对支持,英国是不可能战胜法西斯的。因此,苏德战争的结局,将决定着世界人民的命运。

1941 年 7 月 12 日,苏、英两国就联合对抗德国的问题上达成共识。并签署了联合行动的协议。从此,苏联和英国结成了反法西斯同盟。

美国政府也大力支持苏联,除军事物资外,还提供了经济上的援助。8月2日,美国政府宣布,改动美苏贸易条约中的期限,将有效期限延长一年。

为了维持良好的战略形势,美国政府决定调整同英国的军事外交政策。1941年8月9日,英美两国领袖进行了秘密会谈。

8月14日,两国签订了《大西洋宪章》,英、美都认为,如果想要真正实现人类和平,建立永久性的安全制度,则必须将那些使人民产生负担的军备解除。为此,两国应当积极促进所有实事求是的计划。《大西洋宪章》对于鼓舞世界人民的抗战信念,发挥了巨大的作用。

在制定《大西洋宪章》的会议上,英、美两国都同意召开苏、美、英三国会议,以讨论反法西斯战争的一些细节问题。

英美两国致函苏联,立即得到了斯大林的响应。1941年9月29日至10月1日,在莫斯科,三国举行了会议。此次终于解决了苏联的军需物资的问题,还签订了《对苏供应第一号协议书》。通过这次会议,三国的联系更加紧密,合作逐渐得到加强,实际上也确定了联盟的关系。

1941年12月初,莫斯科保卫战获得了胜利,德军损失惨重。12月8日,日本袭击珍珠港,引起了太平洋战争,促使世界反法西斯的力量凝聚在一起。《联合国家宣言》的成功签订,使反法西斯的力量空前壮大。但12月11日,德、意、日三个轴心国家的联合,加重了反法西斯国家的紧迫感。

轴心国不断扩大战争的范围,为世界人民带来了沉重的灾难。世界人民对法西斯国家的痛恨越来越深。伟大的世界反法西斯联盟,为世界和平的早日实现提供了强有力的保障。

1944年又是一个冰雪初融的时刻,德军在乌克兰的军队撤退到了加利

西亚地区以及苏罗、苏捷交界处。

这时的撤退使中央集团军的右翼完全暴露出来了。苏军抓住了这个时机，一鼓作气，在白俄罗斯把一向战无不胜的中央集团军打得一败涂地。一连串的失败令希特勒惊魂不定。

阿登反攻是希特勒垂死的孤注一掷。

1944年12月12日的晚上，西线战场上的德军将领们奉命到达总部的时候，遇到了非常奇怪的事情。他们的公事包被人强行拿走，就连随身携带的武器也被没收，随后被丢进一辆运输汽车。汽车一路疾驰，等到停下来时，将领们得知了一个难以置信的消息：就在四天之内，元首将要向西线发动大规模的进攻。

希特勒给各位将领召开了关于战略部署的会议。元首计划再次夺取战争的主动权，进行猛攻；从美军的第三军团与第一军团之间突破，切断他们的战线，占领安特卫普，一定要将艾森豪威尔的军事物资供应基地夺取，从而使英国、加拿大军队被迫撤退。

深秋以来，希特勒就在搜罗残余兵力，预备进行最后的一搏。10月到12月间，希特勒居然搜罗到2500辆坦克和重炮。他还凑齐了28个师。此外，戈林还为他提供3000架战斗机。

12月12日晚上，西线的将领们聚集在泽根堡元首大本营。他们简直不敢相信眼前的老人就是那个曾经叱咤风云的元首，坐在椅子上的希特勒瘦小驼背，脸色惨白。两手一直在发抖，甚至走路都不是很灵便了。然而，希特勒讲话时的样子一点也没变。他的动员讲话依旧激情澎湃，使人震撼。

12月15日夜间，伸手不见五指，阿登森林一带弥漫着浓重的雾气，大雪将周围的群山全部遮盖住。这里连续几天出现的恶劣天气，反倒成了德军的掩护。这样，德军28个师神不知鬼不觉地进入进攻阵地。防守阿登战

二战浪漫曲

线的美军共有两个军的六个师,大概 8 万人。

盟军做梦也没想到,濒临失败的德军会突然袭来,而且规模十分庞大。

1944 年 12 月 16 日清晨,德军的炮声突然响起。霎时间,硝烟弥漫,地动山摇,德军攻势异常猛烈。睡梦中的美军连忙爬起。他们毫无心理准备,电话已被切断。炮声刚一结束,德军的坦克就开了过来。

德军的偷袭使阿登前线的美军猝不及防,被打得几乎就要溃散。

12 月 16 日,希特勒醒来的时候已经接近中午。他接到的最新消息是,德军已经突破了美军的北部防线。此时的德军步兵向前挺进,已经深入美军所属战区 10 到 15 公里。

到目前为止,德军已夺取主动权,盟军损失惨重。但是,就在盟军筹备力量时,希特勒做出了一个错误的决定,使主动权又回到了盟军的手里。

筹备好的盟军,实力雄厚。如果德军及时撤退的话,就可以免遭围歼。但希特勒强令继续攻打。时至 1945 年 1 月,德军损失惨重,希特勒这才决定撤退。

圣诞节的前两天,是希特勒此次进攻的转折点。此时德军压力过大,士气大减。一天后,天气开始放晴,英、美空军开始大规模地进攻,轰炸正在崎岖山路中行驶的德军坦克和部队。面对种种不利因素,希特勒决定向巴斯托尼发起最后的进攻。

圣诞节那天,德军展开了强烈的轰炸,麦克奥利夫的守军奋力抵抗,坚守住了阵地。第二天,美军的第三军团突破南面的敌军,前往麦克奥利夫支援守军。德军最大的困难就是来自阵地两翼的压力过于沉重,他们马上就要支撑不住了。

虽然压力巨大,但希特勒还在下令进攻,有关撤退的建议他根本就听不进去。同时,他还下令向南方进攻。

元旦那天,德国元首派了8个师进攻萨尔地区,并派海因里希·希姆莱攻占莱茵河的桥头堡。海因里希·希姆莱带兵攻打桥头堡,其他将领们觉得这是件十分滑稽的事情。结果,从1月3日起,所有进攻,毫无所获。1月5日,德军不再攻打这一地区。

德军陷入了十分危险的境地,其战线随时有被盟军反击并切断的可能。1月8日,在豪法里兹的德军开始撤退。之后,德军又退回到了原地,而当时的时间正是他们发动反攻的一个月之后。

在整个二战中,这是德军组织的最后一次大范围反攻。这次失败不仅让德军在西线崩溃,也让东线的德军彻底毁灭。此时的希特勒对于形势的判断频频出现错误,他将自己仅有的后备力量全部投入到阿登战役之中。很快,这个动作就招来了惨痛的后果。

苏联向布达佩斯进军之后,很快就包围了那里。古德里安曾两次向希特勒求助,但并未得到积极的回应。

1月9日,古德里安亲自到达大本营去请求救援。这次他是有备而来,不仅带了东线的谍报人员,而且还拿了战争地图,试图向元首详细说明德军的困境。然而元首知道却后大发雷霆。

古德里安说的都是事实。1945年1月12日,苏军从华沙南面出击,一路攻向西里西亚。华沙北面,苏军已经越过维斯杜拉河,经过5天的奋战,华沙获得了解放。再往北面,苏军攻占了半个东普鲁士,并将势力扩大到了但泽湾。到了1月27日,苏军声势浩大的进攻,很快就使纳粹面临着全军覆没的危险。

这一时期,艾森豪威尔的兵力空前强大,到2月份时,已经拥有85个师。2月8日,艾森豪威尔率兵前往莱茵河。半个月后,他已经完全占领了摩泽河以北的莱茵河左岸。德军损失惨重,死亡和被俘的士兵达到了35万。

3月下旬，美军迅速越过莱茵河后，将队伍分为两批，分别向德国的北部和鲁尔区发起进攻。此时的希特勒已方寸大乱。希特勒把自己的后备力量全部都拿出来了。从4处集齐1400百多辆坦克和重炮，又从全国征调28个师的兵力。就此时的形势来说，希特勒所做的一切都是徒劳。

1945年4月，苏联人民时刻准备对德军发起全国进攻，他们蓄积了巨大的力量。

自1945年以来，德军的抵抗能力越来越弱，军情一次比一次糟糕。战场的失利使得希特勒的神经质越发严重了，他的手脚抖得厉害，越来越难以控制。

4月15日，元首发出了紧急告诫，所有放弃战斗的军官，就地枪决。他还号召将士们要进行"无情的战争"，坚信自己永远不会失去柏林，永远不会失去德国。

苏军将攻打柏林的战争筹备得非常充分，因为他们知道希特勒不会善罢甘休，一定会拼死博斗。英、美等国家源源也不断地将军火运往苏联。

在进攻前两天，苏军已经在许多地段实施战斗侦察，准备好做最后的强攻。

在战斗的尾声，希特勒再一次将国防领导人换掉了。3月末，古德里安主动卸任陆军总参谋长的职位，由克莱勃斯上将继任。克莱勃斯精通俄语，对苏联红军有着相当深入的研究，号称"红军专家"，在苏德战争爆发之前，曾经担任过驻苏联大使馆的助理武官。

1945年4月16日早晨5时，苏军发起了进攻。千炮并发，声势浩大。尽管德军已经有了一些心理准备，但依然十分恐惧。

在苏军的猛烈攻势下，德军已无法与之抗衡。纳粹军队就要走向灭亡了。

从 4 月 21 日到 5 月 2 日,苏军对柏林发射了 180 万发炮弹。在市内战斗的第三天,苏军运来了要塞炮,用来对城里修筑的比较坚固的工事进行轰炸。这种专门攻击要塞的炮弹,重量惊人,每一发就有半吨之重。不久,要塞炮的炮弹飞向柏林城内,原本看似坚固无比的防御被炸得土崩瓦解。

即使面临如此绝境,希特勒仍抱有不切实际的幻想。因为德国元首并不知道苏军攻势是何等猛烈。其部队已被分割,根本无法向苏军展开任何攻势。

4 月 22 日,这一天出现了希特勒灭亡之路上的最后一次重大打击。当时,柏林军队奉命撤出北面的阵地,前往施坦因纳进行援救。俄军趁着柏林北面阵地的空虚之机,让坦克部挺进柏林城内。希特勒听到这一消息,完全失控了,发疯似地咆哮起来,"这就是末日了!"

事情虽然到了这种无法挽回的境地,但希特勒还是决定留守柏林,亲自督战,即使是以身殉国,也不退缩。此时希特勒对所有人都已失去信心,为了表明他的决心,他向外界发出一个自己会誓死留在柏林的指令,并通过广播让外界立刻知晓。

4 月 25 日下午 4 点 40 分,美苏两国的军队在易北河上进行了会师。这样,美苏联合将德国切成南北两块。

此时,希特勒被反法西斯军队围困在柏林。另一方面,德军疯狂地涌向西面,争先恐后地向英法军队投降。之所以这样,是因为他们在攻打苏联的时候犯下令人发指的罪行,因此都不敢向苏联投降。曾经不可一世的德国,此刻被盟军围得水泄不通,再无一丝挣扎之力。

希特勒已经是四面楚歌了。

战争方面,德国的败局已定,无力回天。外交方面,同样是山穷水尽。土耳其断绝了与德国的一切往来;罗马尼亚爆发了革命;保加利亚也与轴心

国断绝了关系；巴尔干半岛的所有国家也已经起了背叛之心。一直以来，希特勒可以呼风唤雨，而现在，所有国家都不再任由他调遣了。如今，希特勒的援助只有他自己，他还在坚持战争，在一次次的失败中坚持着。在他心中，德国是永远不会投降的。因此，他的选择是：彻底的胜利或者自焚。他坚信，只有他才是德国命运的主宰者，混乱中的德国只有他才能挽救过来。

短短几周时间，希特勒神情萎靡，好像一个历尽沧桑的老人一样。他不愿意给敌人留下任何将他碎尸万段的机会，因此他命令在自己死后将其遗体进行火化。此刻出现了一幕令人唏嘘感叹的画面，希特勒的情妇爱娃表示愿意与希特勒同生共死。见到自己的情妇如此的忠诚，希特勒在4月29日凌晨和爱娃举行婚礼。此前他一直担心婚姻会消磨他的雄心壮志。现在他已经面临绝境，没有什么是值得担心的了。于是，他决定满足爱娃成为他妻子的心愿，和爱娃结婚。

在地下避弹室里，一位议员为他们主持了结婚仪式。婚礼还没有结束，希特勒就向一个女秘书口述他的遗嘱。这个遗嘱有两个主要内容，一方面，他表达了对后代的期望；另一方面，他指出未来德国的前进方向。遗嘱的其他部分要求德国人继续战斗下去，并重新制定了德国政府领导团队的任命，在他死后，戈培尔将出任总理，赛斯·英夸特被任命为外交部长，鲍曼为"党务部长"。交代完这些，希特勒在遗嘱中的政治部分签了字。戈培尔、鲍曼、克莱勃斯、布格道夫这四个人一起见证了这一时刻。

随后，他又以口述的形式立下自己的私人遗嘱。在这份遗嘱中，他讲明了自己的出身，并且说明自己和爱人自杀的原因。他说，自己和爱人都不想落到敌人手里，因为那样会遭到侮辱。最后，他希望他们死后，遗体被立即火化。

处理完这些事情，希特勒觉得浑身无力，便回到自己的屋里睡觉。天已经放亮,或许他在睡梦中还不知道此时的柏林处于怎样惨烈的状况。柏林处处弥漫着硝烟,苏军的攻势越来越猛烈。房子在苏军的轰炸之下,倒了一排又一排。他们距离总理府很近了。

4月29日,苏军向德国的国会大厦展开了进攻。由于希特勒严命:要拼死抵抗,不惜一切代价保住帝国大厦。仅剩的德军奋力抵抗苏军进攻,4月30日,苏军又一次对国会大厦进行了打击。这一战彻底耗尽了负隅顽抗的德军的战斗力,他们终究还是抵不过苏军猛烈的进攻。4月30日当晚,苏军在帝国大厦上面竖起旗帜,宣告了他们的胜利。代表着希特勒权威的图腾至此终于轰然倒下了。

希特勒知道自己时日无多,决意不撤离柏林。为了避免落入敌人手中,他在与身边的亲信和朋友们告别之后,他与爱娃双双服毒自尽,并由手下用事先准备好的汽油倒上对尸体进行焚烧。纵横欧洲十余年的战争狂魔在失败即将来到眼前的时候终于以这样的方式结束了自己的一生。

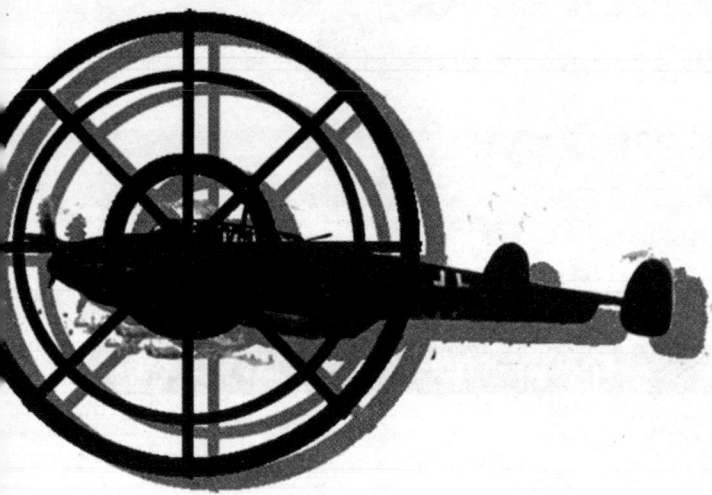

丘 吉 尔

丘吉尔

一战结束后，整个英国的民众都感受到了战争所带来的痛苦，都发自内心的想要过上和平的生活。这种愿望使得上至政治领袖，下至平民百姓，都希望裁军避战。但是这种意图表现得过于明显，被法西斯侵略者所趁，当侵略的枪炮声再次打破了爱好和平的人们的美好生活，人们不得不又一次为了保卫自己的家园而奋起反击。或许历史有其固定的发展规律，在世道有所需求的时候，就会有相应的人物诞生出来。丘吉尔就是这样一位"挽狂澜于即倒，扶大厦于将倾"的旷世伟人。在近现代历史上，丘吉尔堪称是一位不可多得的政治领袖，在二战时期，他代表英国所作出的选择对人类的和平事业更是有着无可替代的贡献。

丘吉尔，全名温斯顿·伦纳德·斯宾塞·丘吉尔。他出身高贵，成长于贵族家庭，他的第一代先祖就是在英国大名鼎鼎的马尔勃罗公爵，因为为国家立下过赫赫战功而受到女王特别赐予了这个名号，因此也成为了家族的荣耀。他的父亲伦道夫勋爵早年进入政坛，在当地和议会有着很高的影响力。家庭成员有着如此显赫的背景，受其熏陶，丘吉尔从小就显得与众不同，在青年时代先后进入军界和政界，有着丰富的社会经验。他本人不仅阅历和胆识过人，而且才华横溢，头上顶着诸多光环，在政治家之外，丘吉尔还曾经担任过演说家、作家、画家和记者，观其一生，可谓多姿多彩。

丘吉尔虽然一生都未上过大学，但他却有着渊博的学识又多才多能。这都归功于两点：一是他的天分，二是勤奋自学。平时的许多空暇时间都被他用在了阅读上，通过长时间的刻苦学习，他深入的阅读了麦考利、叔本华、柏拉图、吉本、马尔萨斯、莱基、达尔文等著名学者们的作品。通过与这些文化名人进行精神交流，使他的眼界更加开阔、思想更加深刻、人生信念更加坚定。

丘吉尔不但博览群书，而且一生著作颇丰。更令人惊叹的是，他的作品只要出版，几乎每部都会引发广泛的关注，好评如潮，后来被翻译成多国文字，在全世界范围内出版发行。

1953 年，已过古稀之年的丘吉尔撰写的《第二次世界大战回忆录》横空出世。凭借此书，他获得诺贝尔文学奖，席瓦兹院士在颁奖词中盛赞他：没有哪位政治领袖如他这样同时拥有着韬略和文采。就连他在政坛中的死对头也不得不承认，这位老人的确有着常人难以企及的地方。

他的一生是充满跌宕起伏的一生，是充满惊涛骇浪的一生，他此生最大的成就，就是在担任首相期间带领英国人民取得反法西斯战争的最终胜利。因此，他不仅是英国人民心目中当之无愧的民族英雄，也是为世界和平所作出的重大贡献的伟人，这一成就，足以使这位英国首相在世界历史当中留下不朽的英明。

丘吉尔家族是在英国有着悠久历史的显赫家族，能够从历史中考证的第一代祖先是多塞特郡的法律家、坚定的保王派约翰·丘吉尔。他的儿子温斯顿在 1620 年出生。温斯顿·丘吉尔继承了父亲的思想，尽管平民出身，思想上却依旧是一个保王派。这位和本书主人公同名的先祖，最终成为了第一位将丘吉尔家族的名字镌刻在历史上的人。

1640 年，由于国王查理一世长期横征暴敛，并帅卫队逮捕议员，伦敦市民群情激奋，控制了伦敦。1642 年初，查理一世北逃约克，集结保王力量，8个月后，内战爆发。1648 年，国王的军队被议会军击败，查理一世被俘。次

二战中的 成王败寇

年,查理一世被送上断头台。这位英格兰、苏格兰,与爱尔兰之王,成为了英国历史上唯一一位被公开处死的国王。

温斯顿·丘吉尔作为坚定的保王派,在这场战争中站在贵族一边,效忠国王查理一世,与议会军作战。1643年5月,温斯顿·丘吉尔的官职已经升到骑兵上尉,在此时他衣锦还乡和相恋已久的爱人伊丽莎白·德雷克完成了终生大事。然而几年后,国王军兵败,温斯顿·丘吉尔被迫缴付446英镑8先令罚款,这是对失败者的惩罚。在当时这个数目的钱财堪称一笔巨款,丘吉尔的家里也从此变得一贫如洗。无奈之下,他只好住到岳父家里。十一年后,温斯顿·丘吉尔的命运出现了转机,因为在这一年,新国王回来了。

1660年,查理二世重回英国执掌大权,并恢复了英国的君主制。温斯顿·丘吉尔因其对英国王室的忠诚而被封官晋爵。虽然被授予的爵士爵位并不算贵族,但他得到了持有自己族徽的权力,为丘吉尔家族今后的地位提升奠定了坚实的基础。之所以说温斯顿·丘吉尔是改变家族命运的人,是因为他养育了一位在未来即将为家族建立功勋的儿子:约翰·丘吉尔。温斯顿爵士从这个与其祖父取了相同名字的儿子小时候开始就寄予了厚望,在父亲的帮助下,年轻的约翰得以进入了王宫,而温斯顿的女儿阿拉贝勒则成为了约克公爵夫人的侍女。后来,阿拉贝拉利用常伴约克公爵身边这个便利条件,成为了约克公爵的情妇。约翰·丘吉尔则借着妹妹的特殊身份,成为了公爵的副官,并深受这位公爵信赖。

这位约克公爵在当时可是位大人物,他是英王查理二世的亲弟弟。查理二世虽然风流不羁,可是他的妻子却没能给他生个一儿半女。尽管这位国王有一个私生子,被封为蒙默斯公爵。但碍于私生子整个不光采的身份,他无法继承王位。于是,在查理二世死后,约克公爵以王弟的身份顺理成章地成为了王位继承人。

1685 年，约克公爵即位，是为詹姆士二世。约翰·丘吉尔，乃至整个丘吉尔家族命运的转变就是从此时正式开始的。对于约克公爵继承王位这件事，有许多与公爵以往关系不好的人都感到不能接受，其中最为不满的人当然是查理二世的儿子蒙默斯公爵，因此他起兵反叛，并且声称要讨伐"篡位者"。在这个时候，约翰·丘吉尔临危受命，率军讨伐叛乱。在战斗中，约翰·丘吉尔展现了他的军事才能，屡战屡胜，很快就击败了叛军。结果，蒙默斯公爵成为了阶下囚，不久后被送上了断头台，丢掉了性命。

约翰·丘吉尔因战功卓著，被擢升为少将，授予男爵爵位，终于跻身贵族阶层。不过约翰男爵并未因此而忠于詹姆士二世，在随后的内战中，他见风使舵，背叛了这位不久之前刚刚封赏过他的国王，跑到了敌对的军营里。由于詹姆斯二世的军队不堪一击，很快就失败了，詹姆斯二世无奈逃往法国。翌年，英国国会宣布了一个重大消息，威廉三世成为英国国王，他的夫人玛丽二世后来成为了英国女王。同时，国会通过了《权利法案》，从此英国确立了君主立宪制。史称"不流血革命"或"光荣革命"。

约翰·丘吉尔的投机行为收到了不错的回报，他不再是男爵了，转而被册封为马尔勃罗伯爵。约翰伯爵的好运还远没有结束。13 年后，即 1702 年，威廉三世逝世，无子嗣。詹姆士二世的女儿，也就是威廉三世的小姨子，安妮公主继承王位。由于约翰的妻子与安妮女王是闺中密友，于是约翰伯爵再次高升，成为英军总司令。后来成为了首相的丘吉尔对这位第一代马尔勃罗公爵的祖先怀有很深厚的崇敬之情，将其视为一位令人尊崇的伟人，并曾经特地为其写了传记《马尔勃罗：他的生平和他的时代》，共四卷。

自第一代马尔勃罗公爵之后，继承家业的后人中很长时间再没有出现过闪光式的人物，倒是在挥霍祖业方面出了很多"人才"。到了第七代马尔勃罗公爵约翰·温斯顿时，家中的财产已严重缩水。时任英国首相狄斯累利

曾评价说,第七代马尔勃罗公爵已"不像一位公爵那么富有了"。

1849年,这一代马尔勃罗公爵的第三子,也就是丘吉尔的父亲伦道夫·丘吉尔出生了。按照当时英国的规定,马尔勃罗公爵的爵位和领地只能由伦道夫的长兄乔治·丘吉尔继承。这样的话,伦道夫的出路只能局限在政界和军队等领域。权衡之下,伦道夫决定从事政治。

伦道夫学习成绩一般,却依然能够从牛津大学毕业,这其中掺杂的家族背景因素不言而喻。在当时的英国,只有王室的家族数目可以超过20个,公爵家族数量必须要低于这个数目。马尔勃罗家族按照册封的先后排在第十位。此时的丘吉尔家族资产方面虽不如以往,可仍旧有着非常高的声望。这一因素不但影响了伦道夫的仕途,而且对他儿子的求学和宦海生涯也同样形成了深远的影响。

伦道夫在一次舞会上认识了美国姑娘珍妮·杰罗姆。珍妮混迹于当时的纽约、巴黎和伦敦的上流社会里,是最著名的美女之一。两人在参加一次宴会的时候相遇,顿时互生好感,经过短暂的交往之后便产生了婚配的打算。不过这两位年轻人想走入婚姻殿堂并不是那么容易的,因为珍妮是美国人,而那个国家是没有贵族的。尽管他的父亲是位大富豪,但对于伦道夫家族来说只能算是一个平民。因此,马尔勃罗公爵以门第问题为借口,拒绝了这门婚事。他的说法是,贵族子弟娶美国的普通公民做夫人,这有辱自己的身份和地位。此时的公爵夫妇很在意自己高贵的地位。

多年之后,一位地位尊贵得多的人,同样是想要娶美国女子,同样是不符传统,结果他不得不为了爱情放弃了自己原本所能得到的一切。他便是当年的英王爱德华八世,也就是逊位后的温莎公爵。可见,所谓"封建礼教"是一个全球性的问题。不过好在伦道夫没有那么尊崇的地位,他的婚事不会引起宪政危机,更不会有首相出来干预。所以,在儿子的不懈坚持下,公爵也就睁一只眼闭一只眼同意了这门婚事。不过想要结婚是有条件的,父亲要求伦道夫先立业后成家。也就是说,如果伦道夫能够成功当选议员,那么就可以娶珍妮为妻子。

另一方面,珍妮一家对于与公爵联姻其实也同样不热情。珍妮的父亲认为,美国人在很多方面的想法上都与古板的英国人有出入,对于贵族家庭来说更是如此。但由于女儿的坚持,他最终还是同意了,毕竟平民富豪的顾虑没有世袭公爵多。不仅如此,珍妮的父亲还决定每年拿出 2000 英镑给自己的女儿女婿作为生活费补贴家用。这笔钱在当时可不是一个小数目。

带着对未婚妻的执着,1874 年初,伦道夫在牛津郡伍德斯托克镇选区竞选获胜,进入下议院。伍德斯托克在 170 年前就成为了马尔勃罗公爵一世的领地,丘吉尔家族在这块土地上的势力根深蒂固,伦道夫的当选也就比较合情合理了。

作为兑现了条件的回报,1874 年 4 月,伦道夫等待已久的一天终于到来了。在这个温暖的春日里,伦道夫·丘吉尔与珍妮·杰罗姆将完成他们人生中的一件大事——婚礼。他们把婚礼定在英国驻法大使馆中举行。结婚之后,仅仅过了几周,他们夫妇二人便动身回到布伦海姆宫。但或许是珍妮的美貌和才学太过出众,所以那里的人们似乎不太欢迎她。事情的发展跟珍妮的父亲当初所说的一样,从小生活的文化环境不同和受到的世界观教育的区别使她难以完全英国贵族式的生活。怀孕期间,为了消磨无聊的日子,珍妮常常骑着马出去溜达。但是这种举动对于一位身怀六甲的女性来说风险实在是太大了,一次骑马过程当中珍妮因为不慎触动了腹内的婴儿,造成了孩子的早产。不过让后怕不已的夫妻俩感到庆幸的是,这个孩子尽管过早来到世界上,但是他却长得很健壮,出生之后就能够正常地呼吸和吸吮母乳。这个似乎注定要为世界带来一点意外和震动的孩子,就是未

来叱咤风云的二战时期英国首相温斯顿·丘吉尔。

温斯顿·丘吉尔的童年并没有我们想象中那样美好，他出身虽然高贵，吃穿不愁，玩具也是应有尽有，但是陪伴在年幼的丘吉尔身边的往往只有保姆而已。造成这件事的原因是当时英国上流社会的风尚就是只负责生孩子，而不负责养孩子。他的父亲终日忙于政务，分身乏术，但也并不是对儿子漠不关心，聚少离多只是表面上的现象，他在父亲的眼中还是十分有分量的。他的母亲珍妮则依旧从事着婚前的事业，那就是不断的在上流社会中进行交际应酬，偶尔才会回家看儿子一眼。对于丘吉尔来说，他的父亲是一个不怒自威，不苟言笑，甚至令他心生恐惧的人。至于母亲，他始终都深深地爱着她，但是在孩提时期，他很少能够得到去表达这种爱的机会。这种成长环境，对丘吉尔的影响至深，甚至对他性格的形成都产生了重大的作用。

随着年龄的增长，丘吉尔到了入学的年龄。其实，虽然丘吉尔非常聪明且在记忆能力上表现得非常突出，但在进入学校之后，他的表现并不是很好。他不喜欢刻板的课堂教学，只挑自己喜欢的科目学习。对凡是自己喜欢的部分，他的成绩都非常不错，但除此之外他都不会深入地去进行研究。数学是丘吉尔最讨厌的学科，他终生都没在这个领域有所作为。另外，他还特别不喜欢学习语言，在学校里教授的拉丁文和希腊文令他感到味同嚼蜡，他认为学习这些对自己根本毫无用处。对于这种偏执而任性的表现，丘吉尔的父母都感到了无奈和失望，但是没有适合的办法来改善他的性格。只好寻求为他更换新的学校。

丘吉尔在圣乔治贵族子弟寄宿学校进修的时候，很多科目的成绩都不甚理想，以至于他的名次常常排在班里的末位，但他的地理和历史成绩还是不错的。因此，学校对他的评价从淘气变成最后的十分恶劣。当然，他对学校的评价也是：十分恶劣。校方和丘吉尔本人彼此之间的厌恶情绪就在这种对立当中像小孩子斗气一样不断增长。直到他转去了父母为他安排的新学校。

与古板严肃又等级森严的前一所学校相比，这所由汤姆逊两姐妹开办的学校对于丘吉尔来说简直一个美好的地方。和以前的学校相比，新学校里的规矩没那么多，尽管他对纪律的态度依然如故，但丘吉尔不会再受到体罚了。这位在先前学校里最无视规矩的学生，不仅变得乖巧聪明，而且学习成绩也有了很大提高。那些从前他所不喜欢的课程，现在成绩也都能排在全班的上等行列，并且能背诵不少诗歌并撰写一些文章。尽管还算不上优秀的学生，但是丘吉尔终于能够摘掉差生的帽子了。学校除了传统课程以外，还有一些新鲜的教学内容，如骑马、游泳和跳舞等。丘吉尔尤其喜爱骑马，这对他今后的生活产生了深远的影响。

主持学校的汤姆逊小姐比较喜欢丘吉尔，只是对他古怪的性格、难以捉摸的火暴脾气和顽固倔强的态度不是很理解。布赖顿的教师们对此也有相近的认识，把丘吉尔评价为一个最执拗、最不守纪律的学生。但总而言之，丘吉尔在这所新学校里过得还算愉快。而与此同时，他的父亲伦道夫勋爵的事业也正在春风得意当中。

1884 年，伦道夫勋爵出任保守党协会全国联盟主席。在这个时候，他已经有了大批的追随者。在小丘吉尔还就读于圣乔治贵族学校的日子里，他开创了保守党内的一个重要派系——"樱草会"，一个以讨好工人为目标的分支，被勋爵称为"第四党"。不过这种说法并不意味着他要离开保守党这条大船自立门户，长久以来，尽管伦道夫勋爵做了大量的工作，有了比较强的势力，也有民众的支持，但他在保守党内的地位依然处于下层。伦道夫勋爵是不可能对此表示满意的，他决定向上层展开进攻，让他们看清楚形势已经发生改变了，自己的才干和主张在当前对于整个保守党是有着特别价

值的。

　　保守党的权力实际上由党内上下两院的领袖索尔兹伯里勋爵和斯塔福德·诺思科特爵士两人共同执掌。这两位当权者对"樱草会"十分瞧不起，不认为这个组织能有什么作为。而且，按照掌权者比较常见的思维方式，他们很厌恶伦道夫勋爵咄咄逼人的夺权之势。

　　表面的平静难以掩盖暗流汹涌，保守党的高层们对伦道夫勋爵并不满意，提拔他只是因为需要依靠他的实力和家族背景。伦道夫勋爵显然也看透了这一点，他和他的儿子一样，对于希望得到的东西有着浓厚的挑战兴趣和野心。不过他很有策略，加上支持者不少，人们对这位党内的干部还是普遍持正面观点的。索尔兹伯里勋爵的侄子、后来的保守党首相阿瑟·巴尔弗曾就此表示过只要伦道夫还没有做出过激的行为，大家还是会保持这种和谐的状态的。

　　伦道夫的努力并不是完全没有回报的，第二年，保守党在大选中获胜，由保守党领袖索尔兹伯里勋爵出任首相，组阁新政府。已经是党内高层的伦道夫勋爵由此得到了他的第一份高级官职——印度事务大臣。他很快就用行动表明自己是能够胜任这份工作。其实也必须很快，因为他得到的表现时间并不多。7个月后，也就是1885年11月，保守党在新一届的大选中失败，索尔兹伯里政府倒台，伦道夫勋爵被迫从还没坐热的位子上退了下来。在这次大选中，自由党并没有取得明显的优势，按照传统，在一年之内将再次举行大选。伦道夫摩拳擦掌，准备来年从头来过。

　　同年7月，保守党在大选中重新上台，索尔兹伯里勋爵再度出任首相。不仅如此，他们还在议会中取得了明显的优势，这意味着，保守党可以在较长的时间内掌握政权了。鉴于伦道夫勋爵在议会中的声望和党内地位，他获得了仅次于首相的职位——财政大臣，同时担任下院保守党领袖，35岁

的伦道夫勋爵在自己的政途上走到了人生最高点。不过令人遗憾的是,这一时期壮年得志他表现出了过于骄傲和冒进的态势,以至于后来他对自己的职位再次感到不满,打算向首相的宝座发起挑战。

他丝毫不掩饰自己对首相之位表现出的兴趣。在以前,伦道夫勋爵曾讽刺自由党领袖格莱斯顿太过急于求成,现在自己却成了这样的人。人们在背后称其为"伟大的急于求成的年轻人"。这一外号又作为伦道夫为儿子留下的遗产中的一部分落到了在追寻首相之路上有着相似遭遇的温斯顿·丘吉尔的头上,成为了他很长一段时间当中的别称。

事实上,伦道夫勋爵的表现确实有些过于越线了,他依仗自己在内阁里举足轻重的地位,对本职工作以外的领域偶尔也会按照自己的见解公开地横加干预,希望能以此获得更大的政治影响力。具体表现在对外干预外交事务,公开要求政府与德国和奥地利加强联系;对内则主张缩减军费,但这是自由党领袖格莱斯顿的政策,因此引起了党内人士对他的警惕。对于后者,海军没有意见,但陆军却不能接受。面对这种情况,伦道夫勋爵采用的策略是以辞职相要挟,欲迫使首相站在自己那一边。他不是第一次使用这种策略,此前的两次使用都取得了令人满意的效果。尽管那时的保守党政府离不了他的支持,需要他留在财政部长的位子上,但此计也算是兵行险招。而在此时,原本就已经树大招风的伦道夫没有意识到自己的价值在别人眼中的转变。因此当他再次搬出这一招时,他的对手,也就是现任首相索尔兹伯里也决定兵行险招一次。这次,他答应了伦道夫勋爵的请求。

这大大出乎了伦道夫勋爵的意料,他没想到索尔兹伯里首相敢接受他的辞呈。更令他意外的是,保守党内的反对声音并不强烈,不足以影响时局,也不能改变首相的意志。保守党内无人胜任,可首相却启用了反对党人士,财政大臣一职由原自由党前排议员 G·J·戈申接任。1886 年的冬天,伦

道夫勋爵从巅峰跌到谷底。这一切只用了 5 个月的时间。

伦道夫勋爵这一次回到了下议院后排议员的席位上。他意识到自己要挟首相的失策，期待有机会东山再起，并为此做出努力。虽然很多人提议让伦道夫重回内阁，但对伦道夫已经戒心重重的索尔兹伯里首相总是不予理睬。等到大选再次来临时，伦道夫勋爵的健康状况已变得极差了，身体已经不允许他回到政坛了。

就在父亲遭遇了人生的低潮期时，温斯顿·丘吉尔也到了上中学的年纪了。1888 年 3 月，13 岁的丘吉尔结束了布雷顿预备学校的学习，由汤姆逊小姐陪同来到哈罗公学。

按照英国的传统，贵族的子女根据家族等级在固定的贵族学校读书。马尔勃罗家族凭借尊贵的地位，其后代大都出自国内最好的伊顿公学，丘吉尔的父亲和祖父都是这所名校出身的毕业生。但由于丘吉尔两年前的一场重病，错过了伊顿公学的报考时间，只好投考哈罗公学。哈罗公学位于伦敦郊区的山坡上，被公认为是除伊顿之外最好的一座公学，这还勉强配得上马尔勃罗家族成员的身份。

即便是屈尊来到哈罗公学，入学考试这个形式还是要走的。校长威尔登博士要求丘吉尔参加一场简单的考试，以便了解一下他在希腊文、拉丁文、历史、代数、几何、算术等方面的水平。这些课程汤姆逊小姐事先给他补习过，本来是不会有问题的。可是在考拉丁文时，他却在整整 2 个小时的时间里，只写了一个字，最终呈交上去的就是一张白卷。这种结果让大家都尴尬得很。不过好在考试不只这一科，而且更为重要的是，马尔勃罗公爵的孙子来报考这里，某种意义上已经是给威尔登博士面子了。年轻的校长很明白事理，以"发现了丘吉尔身上有着某种优秀的品质"为理由绕过了他糟糕的入学考试，破格录取了丘吉尔。

其实，根据这种故意为之的表现不难看出，丘吉尔很不喜欢入学考试，而他没有想到的是，他更大的折磨还在后面。

因为入学考试成绩差，他被安排进成绩最差的一个班中最后一个组。同时，因为他的姓氏为 Spencer-Churchill，开头字母 S 在 26 个英文字母中位列第 19，而哈罗公学是以姓氏首字母排顺序，这样一来丘吉尔在点名和排队时总是在最后。这也就罢了，可是他的学习成绩实在太差，对待学业依旧是"丘吉尔式"的态度，不喜欢的科目，尤其是拉丁文，坚决不学，而喜欢的科目又不太多，所以考试经常是最末几名。

丘吉尔遵守纪律的意愿一直不强，平时视校规如无物，这是他从小就养成的习惯。威尔登校长对此很是不满，他决定单独严肃地教育一下这个骄傲任性的贵族子弟，满以为这样一来就能让丘吉尔收敛一些。然而让威尔登校长始料不及的是，作为学生的丘吉尔居然敢对自己反唇相讥。尽管与当年在幼时遭到体罚会动手反抗的回复相比用语言表示不满已经算是很客气的了，但是这种胆大包天的行动还是让所有人都大开眼界了一回。

有了这么多糟糕的状况，他又一次不可避免地成为学校中的名人，被称作哈罗公学著名的"倒数第三名"。丘吉尔又回到了差生行列。

为了改善这一被动局面，丘吉尔决定把姓氏改为 S·Churchill，这样一来，他的姓氏就可以被看作是以 C 开头的，排队位置可以大幅前提。校方对这个小聪明表示默许，但无论丘吉尔怎么改名字，Churchill 没有变化，他还是丘吉尔家族一员。而他的学习成绩依然让人头疼，学校和他之间微妙而诡异的关系一直持续了他的整个高中时代。父亲和母亲为此感到非常担心，即便是马尔勃罗家族的成员，也可能考不上大学。不过他的美国外祖父莱纳德·杰罗姆却不觉得这有什么可烦恼的。他认为，比起进入过某所大学无所事事渡过几年时间的经历，"让他发现自己的能力更重要"。

外祖父是了解他的,对自己爱好的科目,个性十足的丘吉尔几乎从来不掩饰他的用心和才华。他非常喜爱著名历史学家麦考利的作品,能凭借优良的记忆力进行大段连篇背诵。一次,他在课堂上背麦考利关于古罗马的一本书,连续背到 1200 行一点错误也没出,令老师和同学们十分吃惊。

另外,丘吉尔在哈罗公学也找到了其他有趣的事情——体育和军事训练。因为身体素质比较好,他的体育成绩不错,骑术和游泳曾在布雷顿预备学校就学习过,而新接触的项目——击剑,也取得了不错的成绩。他曾经在一次校际比赛中获得了银质奖章,这大概也就是他在整个哈罗时期最露脸的时刻了。

时间飞逝,转眼间丘吉尔已经步入青年,等待着他的将是一段注定要影响他一生的军旅生涯和那之后崎岖不平的从政之路。身处当时的时代,一名贵族子弟最好的出路是神学、法律和军事这三样。他的父亲伦道夫勋爵知道自己的孩子学习成绩如何,因此,他最主要考虑的还是从孩子的兴趣出发,他认为让丘吉尔从事拉丁文学和希腊古典文学是一件很难做到的事,因此这两条出路只能放在一边。经过深思熟虑之后,他决定让自己的儿子进入军队,因为丘吉尔在军事中的许多项目上表现的出类拔萃,做军官倒也十分适合。经过长时间的寻找,他最终决定让自己的孩子进入桑赫斯特皇家军事学校学习。

终于要离开哈罗工学了,回想起在那里的的生活,丘吉尔毫无留恋之意。他学习成绩不好,和同学无法好好相处,老师对他更是厌烦至极。总之,他走到哪里都不受欢迎,因此他不愿意和别人相处,处处受到歧视,被别人认为是一个傻瓜。那几年,虽然伦道夫勋爵已经脱离政府,但他去学校看望丘吉尔的次数仍然不多。丘吉尔母亲也是如此。甚至在放假的时候,丘吉尔也很难见到父母的身影。这时候照顾丘吉尔和他弟弟的人,还是那位把他从小伺候到大的保姆埃夫列斯特太太。在学校读书期间,通过写信向他表示关心和想念的依旧是埃夫列斯特太太。在此时的丘吉尔心中,老保姆埃夫列斯特太太才是他最为亲近的人。

位于伯克郡的桑赫斯特皇家军事学校,是英国军事名校,专门培养步兵军官和骑兵军官等人才。该校学生都有着雄厚的家庭背景,之所出现这种现象,其中一个比较重要的原因就是这所历史名校的学费很贵,达到了每年 150 英镑,这在当时不是一般家庭可以承受的。此外,入学考试也很有难度,如果没有足够的家财保障考生的学习,单纯凭借能力考上的可能性微乎其微。因此,出身贫寒的人要上这个学校基本是不可能的。

这次考试结果很公正,异于往常,想依靠家庭背景是不行的。他很早就开始准备这场考试,对相关资料学习了很久,但他连续两次都没考上。少年时代在语言学上缺失的恶果显现了出来,他的法语成绩成为了妨碍他进入这所学校的最大障碍。为了让丘吉尔能学好法语,母亲把他送到了法国。在法国居住期间,伦道夫勋爵夫人给丘吉尔介绍了不少身在巴黎的朋友,以便让他在语言环境中学习之余更好地适应法国的生活。

这一个月的法国生活让丘吉尔的法语飞速进步。这一段经历使得他在讲法语的时候不再感到不自然,尽管还是有不少瑕疵,但是跟以前相比,水平已经算是相当不错。为了炫耀法语,他在写给母亲的信中会时不时地引用法国当地的俗语。此时丘吉尔的法语水平足以通过桑赫斯特皇家军事学校的入学考试。不过,当时的人不会想到,丘吉尔此时将法语学好,对他日后和法国的沟通起到了重大的作用。

尽管语言基本过关,但是伦道夫勋爵很清楚自己儿子的学习水平,再如何努力让他进行备考也是无济于事。如果再像以前一样让丘吉尔去参加考试,那也只能让自己的家族多承受一次羞辱。为此,伦道夫再三打听之下，终于找到一个专门针对这所学校入学考试进行培训的辅导班。这所紧急应对考试的学校是一名官职为上尉的，名叫詹姆斯的人设立的。他在这个行业中教学多年，对于入学考试的辅导十分擅长。据说，就算是头脑不太灵光的学生在这里经过有针对性的培训之后，一样可以顺利通过考试。

詹姆斯上尉很会押题，然后强行让学生们记住问题的答案，这样就能在考试当中应付绝大多数的题目了。1893 年 8 月，丘吉尔终于如愿以偿的通过了桑赫斯特皇家军事学校的考试。他的成绩刚好压在及格线上，参加考试的一共有 389 人，他排在第 95 位。考试是通过了，但还有一个遗憾，那就是他的分数还是有点低，没能进入父亲最希望的步兵部队。

桑赫斯特皇家军事学校以前曾有过比较不规范的时期，但经过改革之后，教学体系渐趋专业化。学校开设了多种具有实际意义的科目，每个经过训练的学员都能学到真本领。该校的学业安排是非常紧凑的，除去吃饭和短时间休息，剩余的时间全部用来复习一天所学的内容。直到下午四点以后，学生们才可以自由活动，做任何自己喜欢的运动项目。

此时的学校强调的是军纪严明，但这对于从小就遭受过严酷校纪校规的丘吉尔来说根本算不上什么。伦道夫勋爵对儿子的管教也是比较严厉的。丘吉尔所在学校的一个学期长达四个月，但伦道夫勋爵只允许他在期末的时候回一次家。这样做是为了让丘吉尔更加专注于学业。

功夫不负苦心人，丘吉尔凭借自己的努力在军校里成为了士官。从那以后，伦道夫勋爵就把自己的儿子当成一个大人来看待，渐渐地将他放在和自己同等的地位来对待，甚至在某些方面向自己的儿子表示尊重。伦道夫勋爵感觉自己的儿子变得高大英俊了，变得挺拔而沉稳。有时他会把名牌雪茄或者香烟送给丘吉尔，并和善地要求他节省点抽。甚至有的时候伦道夫勋爵会将他带到一些高官家中，让他参与到政治问题的讨论之中。

1894 年 12 月，丘吉尔顺利地通过了桑赫斯特皇家军事学校的毕业考试。毕业生有 130 人，他排在第 20 位。能取得这样的成绩，证明了他在校期间取得的进步。毕业考试科目中他成绩最好的项目是骑术，这让他萌生了成为骑兵的愿望。

1895 年 2 月，丘吉尔如愿以偿地当上了骑兵军官，当时他的团部驻扎在奥尔德肖特镇，这里 40 年来一直是军事基地，规矩和等级制度十分森严。进入军队开始的半年里，他没什么特殊待遇，就和一个普通的新兵一样接受训练。每天训练的内容就是首先要进行 2 小时的马术训练、接着要去马厩值 1 个小时的勤，最后还要进行 90 分钟的操练。他对这种呆板的操练非常反感，但是因为对马术的喜爱而坚持了下来。在这里，丘吉尔经常参加马球运动，还曾经以新丁的身份与老兵进行了一次障碍赛马，他的表现和勇气让许多人都啧啧称奇。

在进入骑兵部队之后，因为家世显赫，上级军官们对丘吉尔给予了很大的关心，并尽量满足丘吉尔的各种需求。适逢陆军总司令坎布里奇公爵来到奥尔德肖特例行巡视，丘吉尔便被选为了他的侍卫官。

罗伯茨勋爵与伦道夫勋爵颇有渊源。10 年前当丘吉尔的父亲担任印度事务大臣时，这位陆军元帅曾被派往印度任驻军司令，算是丘吉尔的父执长辈。几个星期之后，丘吉尔又应邀觐见了约克公爵及其夫人，即后来的英王乔治五世和玛丽王后，这次同行的还有他们的叔叔康诺特公爵。这些活动对丘吉尔影响巨大，使他渐渐对政界和政治有了兴趣。

尽管丘吉尔凭借显赫家世，得到了普通人所不能拥有的与上流社会接触的机会，但他之后的成就与其个人的努力付出和积极的进取心也是分不开的。骑兵军官在一年中能够放五个月假，一般骑兵军官都在假期打猎，丘吉尔认为那是浪费时间的行为，他想要做比打猎意义更大，而且又不会花

费太多金钱的事。1895年古巴人反抗西班牙殖民统治的战斗打响了,西班牙的马丁内斯·坎波元帅接到命令之后,带领大队人马前去镇压。这对一般人没有吸引力,也不会费心去关注,不过对于丘吉尔来说,却是一个表现自己的机会。他坚信,战火是提升名望的好工具。

丘吉尔和他的朋友在那里参加了拥有众多步兵和两个中队骑兵的西班牙纵队。由于当地气候闷热,部队每天到了上午9点便停止前进并吃早饭,然后睡午觉。马卸下鞍子,吊床在两棵树之间挂起来,除哨兵外,其他人员都要睡4小时午觉,在睡梦中度过一天中最热的时刻。在这段时间里,丘吉尔养成了睡午觉的习惯。并且他在以后的日子里一直保持了下来。也就是从这个时候起,他开始抽古巴雪茄。在这场战争结束后,他曾考虑去南非,此时那里的布尔战争已经打响;也想过去克里特岛,该岛反抗土耳其统治的战事正酣;埃及也是一个好的选择,但是都不能成行。

1896年9月,第四骑兵团调防印度,丘吉尔随团前往,驻扎在印度南部的班加罗尔。此地海拔3000英尺,只有早晨和晚上是比较凉爽的,整个白昼都十分闷热。丘吉尔和另外两个人同住在一栋西式平房里,这个房子很不错,甚至还带了花园。伺候这三位军官的仆役有一大群:一名男管家、两名男仆、两名园丁、三名运水工、四名洗衣工、一名守夜人,以及五、六名马夫照料他们的大小马匹。

在此期间,丘吉尔撰写了很多关于印度的稿子,其中包括了不少为《每日电讯报》写的战地通讯,这些稿件都是邮寄给国内的母亲之后转交给报社的,为了免去因家族身份而不必要的麻烦,伦道夫勋爵夫人和她伦敦的朋友擅自决定隐去丘吉尔的真名,仅署名为"一个年轻军官"。

在此期间,丘吉尔还着手写了一本名叫《1897年马拉坎德野战军的故事——边境之战插曲》的书,由于丘吉尔不在国内,不能亲自监督这本书的

修改，只能摆脱托母亲的妹夫莫尔顿·弗雷温先生替他进行相关的校对工作。可是这位被他寄予厚望的先生没有文学功底，他在审阅的过程中，改正的错误还没有他增加的多，这使得此书在出版之后大为逊色。不过，丘吉尔的这本书对战争场面的描写十分生动，这使得读者能很轻松地读懂书中的奇闻趣事，因此引起了不小的轰动。

《1897 年马拉坎德野战军的故事——边境之战插曲》一书获得的成功，使得不少政府要员也为之侧目。初次撰写书籍就达到了如此效果，此后，丘吉尔的写作欲望更加强烈，利用自己充裕的空闲时间撰写了第二部著作《萨伏罗拉》，这部作品也是他此生所写得唯一的一部小说。

1898 年夏，丘吉尔休假回家，当时小说《萨伏罗拉》尚未脱稿，却听到消息说英国要派遣军队赴苏丹作战了。这么好的机会丘吉尔是不会放过的。为了赶上苏丹之战，丘吉尔事先雇好了仆人，收拾好行装。然而正当万事俱备之际，他的参战请求却被英军驻埃及部队司令基奇纳将军拒绝了。但这没能阻挡丘吉尔奔赴战场的决心，他索性直接找到了首相索尔兹伯里勋爵，请他出面帮忙。索尔兹伯里勋爵读过丘吉尔写的《1897 年马拉坎德野战军的故事——边境之战插曲》一书，对他比较赏识，虽然过去与伦道夫勋爵的关系算不上好，但他还是爽快地同意了丘吉尔的请求。并请英国驻埃及总领事克罗默勋爵亲自处理这件事。由于基奇纳将军赴苏丹作战需要克罗默勋爵的配合与帮助。不光如此，因为战况需要，他也迫切地要调动第二十一轻骑兵团助战，于是丘吉尔顺利达成目的。

与此同时，《晨邮报》找到了丘吉尔，愿意以每栏 15 英镑的稿酬，刊用丘吉尔撰写苏丹战争的战地通讯。而 3 年前，丘吉尔为《每日电讯报》报道古巴战争时，每栏只付酬 5 英镑。稿酬的变化，体现了他受到认可的程度的提升。

丘吉尔来不及征求远在班加罗尔的第四骑兵团上校的批准，便匆匆启程，8月份来到开罗，之后乘船往尼罗河上游驶去，来到了新的骑兵团驻地。当然，这次丘吉尔来到苏丹，不只是为了参加打仗，最主要的还是战争的情形进行细致的报道。

这场由英国发动的苏丹之战实际上是一场不正义的殖民战争。英国为了占领苏丹，很多年前就开始做了准备，19世纪70年代条件成熟，发兵攻占了苏丹。1881年，不堪忍受英国殖民统治的苏丹人民在马赫迪率领下发动起义。苏丹起义军在获得一连串的胜利战役之后，到1885年几乎将苏丹境内的全部外国部队驱走，并且在那一年的喀土穆战役中，击毙了苏丹总督戈登中将。这让英国当局大为光火，花了很长时间筹备为戈登报仇的行动，于1896年二次向苏丹发动大规模进攻。

第二阶段的战争形势在英军的力攻之下发生了逆转，战争到了1898年，已经进入了最后阶段。在这个时候，马赫迪已经死了，苏丹军队的领导权落入他的继承人哈里发之手。虽然他们人数众多，然而装备上的落后却成为了影响战争最终走向的关键，根据当前的形势，苏丹军队的落败已经成为了定局。但是他们仍然在顽强抵抗，给予英军不少沉重的打击。

时间到了9月2日拂晓的时分，两万名英埃军队在靠近恩图曼处与苏丹部队发生遭遇战。英埃军凭借枪炮强大的火力将对方阵型打乱，随即四个配枪的骑兵中队发起冲锋，想要将其一举击溃。之后不久，第二十一轻骑兵团作为后方预备部队，根据命令从敌人的侧面发动进攻。没有想到的是，他们中了苏丹军队的埋伏，相遇的双方展开了一场激烈的近身争斗。手持火枪和马刀的骑兵与只有长矛的步兵作战有着远近皆宜的便利，因此骑兵们渐渐占据了上风，丘吉尔亲身参加了这场战斗，和队友们一同击退了敌人。

1898年9月，节节胜利的英国和苏丹进入最后的决战阶段。经过恩图

二战浪漫曲

曼一役,最终英军获得了胜利,苏丹军队被彻底镇压。在这次战争中,身在前线的丘吉尔没有忘记自己的职责,为《晨邮报》接连提供了 13 篇通讯,并陆续发表。战争结束不久,他决定再写一本书。

战争结束后,丘吉尔开始筹备写他的第三本书——《尼罗河上的战争》,这部书讲述的就是刚刚发生过的那场战争。丘吉尔在开罗四处搜集战争方面的材料,将苏丹著名的历史专家找来进行商谈,还从参与过这次战争的人那里找寻资料。

在写书的同时,丘吉尔也在思考着自己今后的军事生涯。他当然非常希望能重现丘吉尔家族往日的荣光,像他大名鼎鼎的第一代先祖马尔勃罗公爵那样,取得一支庞大军队的指挥权,在战场上赢得耀眼的胜利。但是,血气方刚又个性十足的丘吉尔很难适应循规蹈矩的军队生活,快人快语的性格也使得他经常触怒军队的上层,他自己也感到在军界的前途黯淡。因此,他必须另找出人头地的途径。思来想去,他决定沿着父亲的足迹去英国政界闯荡上一番。

1899 年春季,丘吉尔下定决心,辞去了军职,开始筹备竞选议员。1900年 9 月,执政的保守党决定利用英布战争席卷全国的沙文主义情绪举行下院选举,以攫取更多的席位。经过投票,丘吉尔以微弱优势当选下院议员,从而开始了他的政治生涯。在 1906 年 1 月的大选中以自由党大胜而告终。他以自由贸易为口号,再度当选为议员。不过,他这次的身份已经转换为了自由党的议员。在担任议员的过程中,他不断用各种富有个人特色的方式为自己积累政治资本和人气,1908 年 4 月,阿斯奎斯出任首相,重组内阁,34 岁的丘吉尔被任命为贸易大臣,这是 1860 年以来英国最年轻的内阁大臣,也是丘吉尔有史以来人生成就的最高点。然而在以后的日子里,原本以为自己已经能够在这个位子上稳坐下去的他几度经历了地位的起伏。在忍

受了足足十年的在野生活之后，直到二战的爆发，才使得丘吉尔重新得到了登上了权力巅峰的机会。

1939 年，随着战争进程的推进，主战逐渐成为主流。紧迫的战争形势让当时长期奉行"绥靖政策"的英国首相张伯伦意识到自己已经不再适合担任首相一职了。于是，他向英国国王提出辞职，并恳请由主战的丘吉尔来组阁。张伯伦推荐丘吉尔并不是没有原因的，在二战爆发前还在民间的丘吉尔就以其敏锐的战争嗅觉对战争和国际形势作出了种种后来被证明无比准确的推测，因为当时并无人采纳他的建议，致使英国在战争爆发初期，处于被动局面。这一点使张伯伦留下了深刻的印象。

张伯伦的选择无疑是正确的，丘吉尔一直是一名主战人士，反对"绥靖政策"。现在已经到了无法阻止德国侵略步伐的关头，英国只能进行抵抗，这个时候选择这样一位强硬的人物担当首相正应时事所需。于是，从这里开始，丘吉尔时代正式来临。

当时，在广阔的欧洲战场上，许多国家因为希特勒部队的进攻而变得应顾不暇。尤其是一些国土狭小的国家，几乎是数天时间内就被纳粹军队一举攻陷。这样的情况随着时间的推移越来越恶化。作为欧洲著名的工业强国之一，荷兰也经受不住德国人的飞机坦克的协同进攻，迫不得已之下选择了投降，即使这样，也只有很少一部分荷兰军队得以保存下来。投降的当晚，德军的装甲车和汽车便长驱直入，浩浩荡荡的驶进战略要地利亚尔和蒙科尔内，而后者位于停战线后面六十英里的地方。由此可见德国作战中行动效率有多么惊人。与此同时，北面的盟军也被德军击退。这样，欧洲陆地上的盟军已经受到了全面压制。

16 日下午，丘吉尔来到了巴黎，在那里和法国高层进行了会谈。法军总司令对战争局势做了简要的分析。他指出，色当已经被德军击溃，与德军抗

二战浪漫曲

衡的法军已经消耗殆尽，德军的装甲车以骇人听闻的速度向前推进，这还不算，后面还有很多摩托车队尾随，分别从左右两侧对被冲散的法军进行攻击。丘吉尔面带沉重的听完这个分析之后，询问了战略后备队和机动部队的踪迹。坐在一旁的甘默林将军只能无奈的回答：他们都没有消息了。

意识到情况严重性的丘吉尔从法国回来之后就召开了战时内阁会议，把他巴黎之行的遭遇和所见到的局势尽可能详细地向阁员作了报告。随着战事的不断升级，丘吉尔已经预感到，英国不久就将失去法国这样最后一个主要的盟国。英国内阁觉得应该就此与美国沟通。于是，丘吉尔向罗斯福发去了两份紧急求援电报。

应该说，丘吉尔在两封电报中所发表的看法都很有道理，不过并没有引起别人的重视，或者说，根本没人在意。此时远在大洋彼岸的美国对欧洲战场的情况不疼不痒，并没有马上作出反应。这种不表态的做法，使英国面临的情况变得更加严峻了。

那边丘吉尔在苦苦找寻对策，这边德军也没闲着。德军的装甲部队突破阿登防线之后后，高速推进，很快就切断了盟军北方各集团军同南方以及连接着海岸的所有交通线。面对这种情况，法国最高统帅部因为犹豫而并没有向它统辖的盟军部队下达全线撤退的命令。虽然撤退会使人员和物资遭受重大损失，但能避免被分割包围的困境，可以及时在法国南部形成新的防线。等到英法当局达成一致意见想要撤退时，已经错过了最佳的撤退时机。

形势迅速地发生着变化，到了五月末的时候，南方盟军部队的希望已经成为了泡影。大量被打残的法军部队撤退到了敦刻尔克，临时的阵地很快就被建立了起来。所有还拥有战斗力的部队都被组织起来准备对德国追兵进行阻击，掩护大部队撤往轮船和飞机上。人们都严阵以待，等待同饿狼

一样的德国人大战一场。

就在这关键时刻，德军却停止了进攻。盟军的情报机构在前一天的上午正在像往常一样执勤，忽然一份德军的明码电报引起了他们的注意。这封电报叙述的是要求德军暂时停止对敦刻尔克—哈兹布鲁克—梅维尔这条战线的进攻。原来是德国人想到自己的机动部队前进过快，消耗过大，迫切的需要停下来休整一番。德国军方的龙德施泰特预见到，如果兵力过于分散，很有可能遭到盟军南北两面的夹击。希特勒仔细分析之后，同意在阿拉斯以东的攻击任务由步兵来执行，防守任务则交给装甲部队。就这样，德军无意中错过了打歼灭战的机会，使盟军获得了一个意外的重要喘息的机会，争取到足够的时间，巩固了敦刻尔克周围的袋形阵地。

5 月 26 日下午，抓住这个难得时机的英国海军部，雷厉风行地下达了启动"发电机"作战计划的命令。意在拯救被围困在法国北部的盟军的"敦刻尔克大撤退"正式拉开了序幕。在救援行动开始前进行的评估当中，英国当局认为希特勒只留给他们两天的时间，他们最多只能救出大约四万五千人。好在丘吉尔在 5 月 20 日就开始了船只的调集工作，使得救援工作进行得比较顺利。5 月 27 日晚，比利时军队向德军投降，局势变得更加危急。这天夜里，各处征集的包括伦敦各码头所有能用的运输工具，全数开往敦刻尔克，去救援那里的英法军队。

德国方面，让希特勒意想不到的是，代替陆上部队对英法军队发动打击的空军轰炸效果并不好。滩头附近土地上松散而又柔软的泥沙将炸弹包裹住，使得炸弹的威力锐减，弹片无法飞出，达不到伤人的效果。加上英国方面战斗机对德国轰炸机部队的骚扰十分频繁而有威胁，因此，最初的轰炸并没有造成盟军大规模的伤亡，以至于此后，盟军兵士已经不在意德军的轰炸。他们干脆蹲在沙坑里静等回家船只的到来。

英国和德国的空军战力差距之大，是希特勒没有想到的。英国的空军尽全力出动战斗机，在尽可能的情况下进行空中巡逻活动，见到敌机就舍生忘死的进行搏斗。他们通过这样的行动，为地面上的战友争取到宝贵的时间。在空战中，英国空军优势明显，德国空军损失较大。

这是这云层之上的战斗，因此地面上的英国人是看不到的。英国人被德国人轰炸得恼了，认为自己的空军没去迎战，因此对空军产生了一种强烈的愤怒情绪。丘吉尔发现了这种情况，他在议会中着意强调皇家空军的无畏和善战，努力为那些背负骂名的勇士们恢复名誉并保证士气。

5月30日，大批军队从敦刻尔克撤出，最后计算出来竟有十二万人之多，其中来自法国的军人就有六千多人。丘吉尔在与海、陆、空三军大臣和三军参谋长举行会议时强调，英国迫切需要法国撤出更多的军队。如果法军撤出人数过少，不仅花费大量人力物力组织的撤退变得没有价值，无疑也会严重损害对英国和其他同盟之间的关系。英军要坚守阵地，最大限度地拖住敌人，以便法国军队能够继续撤退。法国政府原本打算让远道前来支援的英国军队先上船，由法军断后。丘吉尔否定了法国政府的提议，他命令英军不可以先上船，必须等到和法国人人数相等的时候才能一起撤退，而英军则担任后方掩护的角色。两国政府就此达成共识。

撤回英国本土的25万英军士兵，接到的第一个命令就是放假回家，他们得到了七天的假期。重新回到家里与亲人相聚后，归队的士兵士气高昂、精力旺盛。他们成功地回到祖国，让整个英国弥漫着一种胜利的气氛。但撤退终究不是胜利，此时英国人面对的局面不是缓和了，而是更加艰难了。

在敦刻尔克撤退中，最大的损失就是英国远征军的装备，士兵们几乎空手而归，丧失了军工厂给他们配备的第一批武器。损失的武器包括步枪九万支、大炮两千三百门、车辆八万两千辆、轻机关枪八千挺、反坦克枪四百支。英国人重新武装他们的士兵,恐怕需要几个月的时间,问题是,德国人是不会给他们这个时间的。

这时候,美国人伸出了援手。罗斯福总统确认了美国在这场战争当中应当介入的政策方针之后,启动了租借法案计划。得知英军主力安全返回后丢掉了全部装备,便下令支援英国,向那里运输军火。于是,从6月3日起,美国为英国准备了一份丰厚的"大礼",其中仅步枪就有五十万支,每支枪配发250发子弹,除此之外,还有其他多种军火。美国将它们打包之后,用最快的速度装在船上。6月11日,十二只满载军火的英国商船起航,并在7月安全到达英国。这批军火对于英国来说,无疑是雪中送炭,这批武器让英国顺利的建立了一支人数为一百万的国民自卫军,从这以后,英国军人不再需要拿着那些简陋武器作战了。

在运给英国这批军火之后,美国本国军队拥有武器装备的数量达到了其陆军动员计划允许的最低限度,这一次,美国对英国可谓是倾囊相助。美国人从军火库中拿出了数量巨大的武器,去帮助一个看起来就要战败的国家,虽然因此而正式开罪了德国,但这表现了美国人的信义、勇气和正义感。他们从此站在了英国的身旁,与英国并肩作战。

6月5日,敦刻尔克沦陷之后,已经没有任何顾虑可言的德国人对法国发起强烈攻势。与此同时,法国官方也终于在主战派和主和派之间做出了主战的明智选择,原外交部长,主和派人士达拉第遭到解职,主战派人士戴高乐被任命为国防部副国防秘书。这些都是法国总理保罗·雷诺的抉择。很大程度上,这些果断的行动是在向法国的重要盟友英国表明自己主战的强硬态度。

戴高乐刚刚掌握战争权力,便马上向英国请求支援。但是,法国从英国那里获得的援助却不甚理想,除了驻在萨尔一个步兵师之外,只有一个装

甲师的部分人员。其实,此时的英国也是力不从心,刚刚从敦刻尔克撤回的陆军还没有装备,空军则是自顾不暇,无法援助,占有优势的舰队又不能开到陆地上。而战争的形势也已十分明了,法国的主力部队已经在比利时被德军消灭,剩下的部队只有六十五个师,而对手却有一百四十三个师的兵力,失败只是时间问题。

6月10日,法国政府匆忙撤离巴黎。在法国政府放弃巴黎这一天,墨索里尼认为法国败局已定,在希特勒的要求下,便代表意大利向英法两国宣战。不过后来的事实证明,墨索里尼的如意算盘打错了。英法的颓势让他误以为自己可以跟在德军身后捡些痛打落水狗的便宜,但是直到战况向盟军一方倾倒的时候,他仍然没有等到这个机会。

时间到了6月13日的时候,刚从法国回来的丘吉尔又被邀请到图尔开会。会议的主要内容是法国希望英国放弃之前法国在3月28日最高军事委员会上关于英法国两国必须经过双方磋商和一致同意后才可单方面进行媾和与停战的谈判的承诺。法国总理雷诺一再重申,法国目前已经没有将战争继续下去的能力了,毕竟法国单从军队的数量上看,就已经无法与德国的大军抗衡了,失败已经是可以清晰预见的。他希望能通过临时与德国议和的方式减少法国的损失。

对于法国总理雷诺提出的恳请,丘吉尔愤怒已极,并且火冒三丈地吼出了英国必将以坚决的信心战斗到底的态度。而且,丘吉尔强烈的要求法国也不能放弃继续战斗下去的信心。否则的话,英国和法国都将如同之前遭到厄运的波兰、比利时等国一样,成为纳粹德国铁蹄之下的羔羊,任人宰割。当晚,英法双方无法达成共识,这个会议只能不欢而散,气愤不过的丘吉尔坐上当晚的飞机返回伦敦。

连日来的战败,彻底击碎了法国军方最高统帅的信心,魏刚将军认为

所有继续的抵抗都是徒劳的,他开始考虑体面的承认战败,利用自身的影响力,强迫法国政府停战。魏刚将军说法国军队已经失去战斗力了,应该趁着法国还有能力维持战争之后的秩序,应该尽快停止这场残酷的战争。

法国总理雷诺也意识到法国已经战败了,但他还是希望退到北非的属地继续抵抗。在这个时候,被希特勒侵略的国家都在战斗着,即便本土被占领,流亡海外的政府依然坚定地竖起反抗的大旗,在法国还有许多盟国军队在作战,包括失去家乡的波兰军队。雷诺想学那些国家的政府。不过,法国政府的情形好过荷兰、比利时、波兰等国,至少不用寄居在别国领土上,毕竟他们还有属于自己的土地。

6月16日下午,英国政府通过先后两封电报将答复发往法国。这两封电报的语气和措辞都很不客气,强烈地体现出英国政府的重大决心。

德军在法国的勇猛表现,让整个世界为之震惊。为了安抚大英帝国内部的力量,使之能坚定信念继续战斗,接下来,丘吉尔给当时大英帝国下辖的加拿大、澳大利亚、新西兰和南非联邦的四个自治领的总理们分别写了四封内容相同的信。希望通过详尽的解释,能让他们鼓起勇气,相信大英帝国不会战败。这封信是丘吉尔口授的,内容很长,其大意是对于希特勒吞并全欧洲或是争霸世界的野心早在战争开始前便已昭然若揭,法国目前的情况是无法估计的,然而无论情形变得如何地复杂,英国继续战斗下去的决心都不会有丝毫动摇。希特勒将会对英伦三岛发动海陆空的全面征服作战。目前的形势对于已经遭到侵略的国家和即将遭到侵略的国家越来越不利。在敦刻尔克大撤退中,为协助法国撤退,英国方面损失已经很重大,因此格外需要众多的盟友一起针对希特勒的侵略行为予以最为有力的反击。总结以上的言论内容,当前最主要的任务就是全面抗击纳粹的进攻,绝不能以软弱的姿态示人。

6月17日这一天，法国政府决定在马德里召开停战谈判。就在这时，波尔多的强硬派议员们心中还存在着转战北非的想法，这一度让新总理贝当非常动心。赖伐尔则对此表现出十分紧张的情绪，魏刚将军直接予以否定。事实证明，在投降派所有人当中还属当时的法国海军部长达尔朗行事果断。达尔朗建议内阁把想到非洲继续作战的主要人物送上船，让他们先行前往那里。他打的如意算盘是这些人一旦上船，就全在他的掌控之中。这条建议顺顺当当地得到了通过，包括二十四名众议员和一名参议员，以及曼德尔、康平契和达拉第在内的这些积极主张前往非洲继续抵抗的人登上了武装的辅助巡洋舰"马西里亚"号。21日下午，这艘船正式起航。然而，许多打算去非洲的人，包括让纳内和赫里欧在内，识破了这条计谋，决定取道西班牙由陆路前往。

6月18日，为了表示坚决抵抗的决心，丘吉尔在下院发表了一场著名的演说，其大意是如同在第一次世界大战时一样，英国及其盟友并没有一举击溃德国及其盟国的绝对实力和把握，然而德国方面及其盟友却在英国面前轰然倒塌了。这是一方面的事实，然而在获得胜利之后，同盟国方面有些人被胜利冲昏了头脑，许多蠢事让他们很快就失去了来之不易的胜利果实。不论法国的形势以及法国政府的形势如何变化，英伦三岛的人民和英国政府捍卫自由的决心都不会改变。英国人想要拥有并建设美丽家园的信心也绝不会动摇。

在这次义正言辞的演说中，丘吉尔还尤为语重心长地强调了英伦三岛的存亡对于欧洲乃至世界反法西斯战争胜败有着重要的决定意义。如果英伦三岛在希特勒海陆空全面的进攻下而不幸陷落的话，那不仅是英国人民的巨大灾难，也是全世界的噩梦。如果大家团结起来与法西斯势力全力抗争的话，情况就会变得大为不同。担起那份责任并勇敢地承担下去，不仅是

现在,即使是在未来也将会让人们看到一个更加光明和自由的世界。

6月22日,贝当政府与德国签订了停战协定,法国从此成为德国人的附庸。至此,英国失去了欧洲大陆上所有的同盟国,陷入孤立无援的境地。而且,贝当带领下的政府已经做好了当德国傀儡的准备,在谈判正在进行的时候,他命令法国的舰队务必开到英国港口;之前与英国谈妥的将法国俘获的约四百名德国飞行员送往英国的事项,法国也未能做到。贝当政府这样的做法,无疑是在向德国示好。

眼见法国的政治方向发生改变,这时摆在英国人面前最紧迫的事情,无疑是从法国尽快撤出其多达十五万人的远征军。好在丘吉尔此前给英国远征军派去了一位远见卓识的指挥官,这个人就是布鲁克将军。由于在敦刻尔克大撤退中,他表现极为出色,立下了大功,因此被派去指挥滞留在法国境内的法军和前去增援的军士。他在6月14日会见了法国军方高层,接到了在布列塔尼半岛建立桥头阵地的命令。这时的英国远征军暂时还是由法国指挥的。

建立布列塔尼阵地是在早些时候,由丘吉尔和法国总理雷诺进行商议后一致通过的。但后来,战争形势急转直下,法国军队连他们的本土都很难保卫,就更不用提布列塔尼阵地了。不过,如果法国人有战斗到底的决心的话,那么北部的法军其实是可以通过这里退到法国非洲属地继续抵抗的。

布鲁克将军对局势的洞察力很强,他接到建立布列塔尼半岛桥头阵地的命令后,就认定这个阵地难以驻守,法国败局已定,是应该向英国本土撤回远征军的时候了。于是,他马上向陆军部发去了报告,并给陆军大臣艾登打了电话。由于丘吉尔的固执是出了名的,布鲁克将军担心他的建议不能得到很好地转达,假如被丘吉尔否决了,就会影响英国远征军最终的命运。基于这个因素,他在6月14日夜里给丘吉尔打去了电话。几经周折之后,电话接通了。布鲁克将军对丘吉尔的劝说取得了成功。之所以如此,是因为丘吉尔也意识到,此时的法国正在准备向希特勒投降,驻法的英军已经等于一只脚踩在了狼嘴里。于是,他没有犹豫,正式下达了撤军的命令。

与此同时,意大利的墨索里尼按捺不住地给"元首"希特勒写了一封信,表达了想要和德国一起将驻法英军解决掉的强烈愿望。墨索里尼其至认为已经于投降德国政府后迁到法国维希的贝当傀儡政府会向英国宣战。意大利的蠢蠢欲动更加增添了英国的压力,西线战场的前景越发的不容乐观。

在这个时候,欧洲的东线战场依然忙碌。6月14日,苏联政府对立陶宛下了最后通牒,要求它马上成立亲苏政府并准许苏军进驻。第二天,苏联红军进入立陶宛,立陶宛政府随即倒台。拉脱维亚和爱沙尼亚很快也遭到同样的境遇。苏联在波罗的海小国成立了亲苏政府。8月初,这三个国家并入苏联。

6月26日夜10时,苏联又对罗马尼亚下达了最后通牒,要求其割让比萨拉比亚和布科维纳省北部,并要求马上答复。苏联此举严重威胁了德国在罗马尼亚的经济利益,但希特勒此时还想与苏联保持友好关系,便劝服了罗马尼亚。6月27日,罗马尼亚军队从边境撤退,其领土随即落入苏联之手。

这时,英国陆军的装备相当之差,除了少量的轻型步枪之外,其他的诸如火炮、坦克、重机枪等武器可谓少之又少,根本无法与当时装备精良、士气正盛的德军抗衡。如果战争马上打起来的话,英军也不能与德军正面对抗,即便是采取迂回打击薄弱面的方法也会使英军在德国强势火力下损失惨重。然而,装备对于丘吉尔所领导的英国人民和英军来说,只是其中的一个方面,物质上的匮乏不能让精神上始终坚挺的英国人有任何的畏缩的想法。

意志顽强的丘吉尔即使是在情况危急之时,也是没有丝毫懈怠或是畏缩之想。他甚至在自己的笔记中表示,英国人的民族精神和德国日耳曼民

族的果敢精神相比,没有丝毫逊色。英国人没必要因为形势对英国不利,就怀有悲观情绪。英国的明智之举应该是下定决心和法西斯决一死战,让法西斯葬身大海。

日理万机的丘吉尔,在忙于战争之余,还对一些偏远地区进行了视察,比如在苏塞克斯郡进行的军事演习,丘吉尔也亲自前往观摩。丘吉尔在视察期间,尤其看重在多佛尔和哈里奇等地区修建的防御工事。当丘吉尔亲自来到这些地方的时候,当地的群众都情绪高涨,热烈欢迎首相的到来。丘吉尔此举使得军民的士气空前高涨。英国人受到了前所未有的鼓舞。

当时,报界对丘吉尔前往各地进行巡视给予了较多的关注。各地人民看到他们的首相到来,都热情欢呼。丘吉尔在面对热烈欢迎他的人们的时候,会频频点头示意并露出和煦的笑容。在视察英国东北部地区的造船厂的时候,首相阁下还声音高昂地问道:"我们泄气了吗?"人们热泪盈眶地高声回应:"不! 从来不!"那样的场面令人热血沸腾,人们也因为受到首相先生的亲切接见和深情鼓励而信心满满。这些作为使得丘吉尔对于本国的军民实际状况有所体察,同时也让丘吉尔在国际上的威望更高。这种威望的积累,并不是在瞬间或某一刻就可完成的,在首相阁下个人拥有非凡才能的同时,他凡事身体力行、亲力亲为的实践精神和保持平常心态的本色,也让人们对他的信心和支持倍增。

当然,对于喜欢思考、有远见卓识的丘吉尔来说,这些手段还是不够的。除此之外,他还借助了广播、演说等多种手段来发表反法西斯、鼓舞反法西斯军民士气的舆论。粗略地估计,全英国有近七成的人收听了丘吉尔的广播和演说。他知道这样做的必要性,因为接下来,德国不会就此放任英国重新武装来对付自己和意大利。海陆无法直接进攻的情况下,空中打击将在所难免。果然如他所料,在接下来的日子里,德国已经准备好英国开始

二战浪漫曲

了大规模的空袭。不列颠上空成为了新的交战区域,即将在这里上演的,就是史上著名的不列颠空战。

事实上,从德国方面来看,这也同样是一个没有办法的选择。德国海军参谋人员在德军入侵波兰不久,就开始研究入侵英国本土的问题。英吉利海峡对于德国人来说是一道天堑,而其他的海域比那道天堑还宽。考虑到德英两国海军悬殊的实力,德国海军参谋人员认为,要想把所向披靡的德国陆军安全地送到大不列颠,唯一的方法就是渡过英吉利海峡狭窄的海面。可惜英吉利海峡是英国防御工事做的最好的地方,他们最为坚固的舰队基地就建在那里。尤其是最近几年,为了达到守护伦敦的目的,这里还建立了很多机场和制空站。这原本就是英国为应对法国所建立的最古老的一条海防前线。

德国海军上将雷德尔知道要想通过英吉利海峡,以德国的海军力量是无论如何也做不到的。他提出了一个计划,假设了很多条件,开篇就要求对法国、比利时和荷兰的港口进行完全控制。虽然听起来十分可行,但这些设想就是放在战争刚开始的时候也是无法做到的,因此这个计划只能搁置下来。

意料之外的事情总是发生了太多太多,在德国身边也是如此——号称欧洲最强的法国陆军被德国的日耳曼战车轻而易举地击败了。这在之前是德国根本无法想象的,雷德尔上将所预想的那些条件,原本都是不具备的,而在法国陆军溃败之后,这些设想又都变得可行了。于是,雷德尔海军上将的计划又一次被提上日程。德国下定决定要渡过英吉利海峡,将强大的德国陆军送到英国的本土上去,而德国的海军直到此刻的实力也无法与英国的海军相比。然而令德国人高兴的是,此刻英国对于德国的这一野心并没有彻底洞悉,于是乎,大型的渡海军事行动的准备工作全盘开始。

直到 6 月末,德军最高统帅部才拿定了这个主意,7 月 2 日发出第一道命令，把入侵不列颠作为一件可能实现的战事计划。到了 7 月 16 日的时候，希特勒在分析英国的情况之后，发出了"关于准备在英国登陆作战"的第 16 号令，即"海狮计划"。这是一道在历史上具有巨大影响和重要意义的法令，德国计划对英国发动进攻的想法也正是在这一法令发布之后从理论走向了实践。德军对于进军的速度要求较高，他们希望整个计划能够在 8 月的中旬完成，而且在细致之处也都被比较完整地考虑在内，以便能够保证在必要的时候对英国本土进行有效的局部占领。

然而，现实的情况与这种美好的想法是相悖的，要在短短四个星期的时间里打垮英国空军并摧毁英国的海军使德军可以顺利登陆几乎是不可能完成的任务。希特勒却希望，在 10 月初的时候可以结束对英国本土的战斗，转而把精力放到更加广阔的战场上去。不但如此，他还扬言在对英本土的军事行动顺利地完成之后，要在伦敦进行一场胜利大游行。面对气势汹汹的德国，丘吉尔早已识破他们的阴谋。但是丘吉尔并没有过分焦虑，毕竟在某种程度上来说，即使一切对于德国都是有利的，要在短时间内完成这个计划，成功率也会变得非常低。

为了争取时间，希特勒拿出了惯用的手段——和谈。利用表面的和善并配以一些虚幻的言辞，使得演讲能力超人的希特勒总是能轻易的迷惑对手。不过希特勒遇上丘吉尔情况就不同了，因为他是一个立场无比坚定的人。无论希特勒拥有怎样的过人才华，在丘吉尔的面前都是徒劳无功的。并不是说希特勒没有演讲方面的才华，而是他的阴谋还没有发动便已经被丘吉尔识破。对于此时的丘吉尔来说，无论对手使用怎样的手段、发动怎样的攻势，都无法让他做出丝毫改变。希特勒见到无法在丘吉尔这里取得哪怕一丝收获，他也很干脆地放弃了利用这种方法来迷惑对方的打算。在两人的和谈最终破裂之后，德国对于英国本土的空袭力度明显地加强了，不计

其数的炸弹落向英伦的土地上,火光开始升起……

不过,即便本土受到了如此严重的空中打击,英国海军的实力却几乎丝毫无损。雷德尔海军上将依然觉得渡海还是很危险的,说不定会在渡过海峡的时候全军覆没。尽管通过海上将德国的陆军运送到英国会有很大的困难,但是负责运输德国陆军去渡过英吉利海峡的任务最终还是落到了德国海军部的头上。这一消息发出之后,让还在一战阴影里没有脱离出来的德国海军感到压力巨大,而且许多海军部的人都持有一种悲观的情绪。德国海军部的人士深知,单论海军实力的话,即使是现在,德国海军也不是轻而易举就能击败英国海军的,更何况德国海军要在远隔一条英吉利海峡的情况下把四十个师的陆军运送到大不列颠岛的沿海去,其难度可想而知。

德国元首的第 16 号令发出四天后,希特勒召见了德国三军的首脑并进行了谈话。在谈到"海狮作战计划"的时候希特勒的表情尤为认真地谈及了渡海作战的难度。并且不容置疑地言及"海狮计划"对于尽早结束战争的至关重要的作用。在进行渡海作战的难度上,希特勒也有所估计,虽然渡海作战的难度对于德国的海军来说挑战是尤为艰巨的。不过元首相信,在强大陆军的支持下,德国会在空军的有效配合下,给英国以空前的打击。确实,在当时的德国军备方面,他们准备的相当完善。尽管德国海军的实力与英国皇家舰队的海军实力是难以相比的,不过如果能让海军成为陆军开向英吉利的跳板,陆军所体现出的价值将会弥补海军的缺憾。

当然,德国的空军也不是吃素的。德国的空军元帅戈林对于彻底摧毁英国的空军也是信心满满。对建在英国苏塞克斯的空军基地他更是势在必得,因为它对于德国来说具有重要的战略意义。由此,在战术的安排上,德国的空军元帅戈林也对由其指挥的第一、第二、第五航空队的调用上都格外关注。这三支强大的空军力量,对于德国想要在较短的时间内达成摧毁

英国的空军的目标起到的是中流砥柱的作用。这种打击在某种程度上来说，更大的目的是要给像丘吉尔一样强硬的主战派人士以实质上的教训。而德国在这样谋划的过程当中，也在多条不为人知的战线上安排了许许多多的己方角色，以此应对可能在常规战争之外的条件下发生的一些难以掌握的情况并获得更多的信息与非正面战场上的便利。这样做就可以在最短的时间内做出最为快速的反应和尽可能明智的判断。

德国空军元帅戈林的视野是宽阔的，然而这种宽阔的视野同样在很多的时候表现为一种盲目。他居然认为单凭德国的空军实力，就足以让整个英国屈服。这样，"海狮计划"完全可以搁置在一旁。空中战争和海上战争是以后战争的发展重点，而事实上，在当时陆地战争还是在深层上决定着整个战争的成败。自大的戈林没能认识到空军的不足之处。

很快，坏消息传来。从挪威出动的德国第五航空队遇到了险阻，他们以为英国北部是不设防的，只派出了三十四架双引擎 ME—110 型战斗机掩护一百架轰炸机去袭击那里。当这支空中战队飞行到离太恩河畔很近的地方时，正巧遇到了几个正在执行任务的飓风式和喷火式机群。经过激烈的战斗，德国的几十架飞机被击落，英军方面仅有两名飞行员受伤。戈林的第五航空队士气不振，不得已之下，只能退出不列颠之战。从此以后，如果没有比英军战斗力强大的飞机护航，德国空军就无法在白天对英国实施轰炸行动。

在德国对英国的本土进行轰炸期间，数量众多的英国飞机与德国飞机进行了长时间的周旋，针对英国本土的雷达站，德国发动了数次进攻，摧毁了数个雷达站。吃过的几次苦头让他们开始了解到，英国所取得的成绩就是靠着他们那看似不起眼的雷达站。说到雷达站，在当时还处于初始化的阶段，在资金和技术上，英国历届政府政府尤其是以丘吉尔为代表的英国政府在资金上给予了较多的支持。虽然在总体的技术上，英国还落后于德国，但

在雷达研制的方面,英国却早已走在德国的前面。德国将之是为重点目标,英国也对其视为终点保护对象,双方的战机围绕着雷达展开了一系列攻防。不过这对于整个空袭的局势并没有大的影响,德军的轰炸机仍在持续打击一切有价值的军用和民用目标,但其他的地方可就没有这种待遇了。

8月上旬,面对希特勒突然加剧的大规模空袭,丘吉尔表现得极其镇定,除了全力指挥反击外,他还经常亲自视察被轰炸的现场。一天的午饭后,灾难降临在伦敦南区,德国的轰炸机前来进行狂轰滥炸,数十栋楼房瞬间变成了一堆瓦砾。丘吉尔听到爆炸声后,迅速赶到现场,面对惨不忍睹的弹坑和情绪高昂的民众,这位刚毅的男子汉不禁潸然泪下,不过他说:"这不是悲哀的泪,而是赞叹和钦佩之泪。"在场的人高呼要以牙还牙的时候,丘吉尔坚定的表示,他们的愿望一定会实现。

9月7日傍晚,德国空军共出动了六百二十五架轰炸机和六百四十八架战斗机,对伦敦集中进行大规模轮番轰炸。发电厂、煤气厂、兵工厂、仓库以及码头都成为了德国飞机的轰炸目标,霎时间,伦敦城成为了一片火海。轰炸持续了整整一夜。此后的几天里,伦敦每夜都会遭到空袭。据英国官方历史学家统计,在伦敦被轰炸的最初两天,约有八百四十二人死亡和两千三百四十七人受伤,整个城市遭到严重破坏。后来,忘乎所以的戈林对德国空军只在夜间对伦敦进行轰炸表示不满。于是,他下令德国轰炸机白天也要对伦敦进行轰炸。没过多久,他就为这一决定付出了沉重的代价。

9月15日,英国皇家空军给嚣张的侵略者以迎头痛击。据英国宣布,这天一共击落了一百八十六架德国空军的飞机,而英国皇家空军仅损失了二十六架。这一数字事后证明是被夸大的,也是战争的需要。不过不管怎么说,这一天英军空战的成绩确实对战局造成了恨得影响。因此,9月15日被称为不列颠之战的"关键"。

经此一役，海军部的参谋们觉得渡海作战更为渺茫，经过讨论，他们有了如下结论：在空战进行的过程当中，英国人民的顽强意志和所做的抗击远远超出了德国的想象。并且在这种空战进行的过程当中，德国自认为已经准备得比较妥当的军事行动，但在实践的过程当中还是遇到了很多的麻烦，并且按照原来"海狮计划"的相关要求，空战所进行的准备是完全不够的。在德国的空军对伦敦进行轰炸的过程中，英国的民众并没有出现恐慌和骚乱的状况。历经了几番轰炸之后，英国本土依然是那么地坚固。

铺天盖地的德国飞机每天飞到伦敦上空，进行了连续五十七天的狂轰滥炸。这五十七个黑夜里，平均每晚有二百架轰炸机前来轰炸。但是戈林失算了，希特勒也失算了，他们轻看了英国人。伦敦人的意志并没有被击垮，整个不列颠的士气没有被瓦解。英国人不屈的性格支撑着他们的精神，他们要战斗到哪怕是最后一刻。

9月27日，德、意、日三国在柏林签署了《三国条约》，正式形成三国轴心。国际形势的变化，预示着战争冲突可能不会在仅仅局限于原有的地区范围。残酷的斗争使丘吉尔深切地认识到，为了最终战胜德国法西斯，英国必须争取新的盟友，尽早结束孤军奋战的孤立局面。经济实力雄厚加上多数民族都同文同种的美国自然成为了英国的首选对象。为了达到这一目的，丘吉尔充分利用自己百分之五十的美国血统和与罗斯福总统良好的个人关系，积极开展相关工作。

11月3日晚，伦敦没有拉响防空警报，这几乎是两个月内的第一次。这种平静反倒让伦敦人很不适应。次日晚，德国的轰炸机遍及不列颠的各个角落，他们不再将轰炸范围局限在伦敦一个地点。德国人的策略改变了，他们觉得伦敦太大，全面轰炸的效果并不好，于是把空袭目标集中在英国的工业中心。考文垂在11月14日夜遭受了毁灭性的轰炸，将近五百架德国飞机共投下六百吨烈性炸药炸弹和好几千颗燃烧弹。考文垂的中心区被夷为平地,四百人死亡,更多的人受伤。这座城市几乎变为了一片无一处完好的废墟。就是在这片废墟上,英国的抵抗精神焕发出了无与伦比的光彩,幸存的飞机制造厂没有停工,民兵训练也没有停止。一个星期后,考文垂在疯狂的重建之下又恢复了活力。

战争还在继续,英国已经或多或少地在条件极为艰难的情况下取得了一些小小的胜利。丘吉尔在电文中对一些事实作了夸大,如美国援助英国武器的数量,英国国民自卫军人数以及英国空军对德军的损失比。其中,英国空军"能以一对三的比例战胜敌人",也是英国官方对外宣传的数字,实际上比例勉强能够达到一对二,英国空军只是在部分时候占有不算显著的优势。统治不列颠天空的时间上,两者仍然互有进退。

11月,惨烈的不列颠之战就快要结束了,此时的丘吉尔前往伯朝翰的一家工厂进行巡视,没想到,巡视途中有一位漂亮姑娘将一盒雪茄扔给丘吉尔。几乎全英的人都知道丘吉尔爱抽雪茄,这位姑娘也不例外。她说她在一个小时前就知道丘吉尔要来,因此,她用这周的奖金给尊敬的首相买了一盒雪茄。丘吉尔听后大为感动,亲吻了这位女工。对于丘吉尔来说,一盒雪茄绝不是珍贵礼物,但丘吉尔知道其价值是不能单纯用金钱来估量的,因为这是人民对他的最高褒奖。

而此时,对德国不幸的消息却接踵而来。自从1940年4月9日挪威海面遭受败绩以来,德国海军已不能为陆军入侵大不列颠提供足够的支持。在之后的不列颠空战中,英国空军越战越勇,德国空军则实力受损,对伦敦等城市的轰炸又没取得什么有意义的战果。德国陆军已经没有渡过英吉利海峡的希望了。更为重要的是,此时希特勒的兴趣已不在这里,他的眼睛紧盯着东方。"海狮"计划被闲置起来。

当不列颠之战最终落下帷幕时，英国军民在丘吉尔首相的领导下，用自己的忠诚和鲜血维护了祖国的独立和尊严，重挫了二战开始以来所向披靡的德国法西斯军队的锐气。这是英国人的骄傲，也是丘吉尔的骄傲。而与此同时，东方局势的变化使得丘吉尔对苏联的态度也出现了重大变化。他曾经是一个坚定的反苏反共人士，然而面对强敌，丘吉尔从整个战争层面全盘考虑之后，决定改善英苏关系。但是，对于德国的四处征战，苏联一直保持着置身事外的想法，也一直没有与德国发生战争的意愿。丘吉尔此刻最希望的就是苏联能够加入反法西斯阵营之中，讽刺的是，德国人主动帮助丘吉尔完成了这个愿望。提起苏联加入反法西斯阵营，就要从 1941 年的北非战场说起。这一年对于英国人来说，是悲喜交加的一年。他们先是在北非战场上取得令人兴奋的大捷，而后掌控了巴尔干半岛的局势，在德意的背后钉入了一颗楔子。不过，没多久就遭到德国人的强势反击，很快就失去了在这两个地区的影响力。幸好丘吉尔及时从印度调兵前往伊拉克，才阻挡了德国人对中东的渗透。这件事，再次体现了丘吉尔的战争智慧。

就在英军节节败退，"沙漠之狐"率领的德军称雄北非之时，德国做出了一件令丘吉尔异常高兴、而将令他们自己后悔终生的决定。1941 年 6 月 22 日，德军突然入侵了苏联。那个在德国人面前举棋不定，幻想置身事外的庞然大物，终于被迫加入了反法西斯阵营。

事实上，原本不光苏联，美国也是一直保持中立立场，不想卷入战争。可日本人幻想着先发制人，以偷袭的方式攻击了珍珠港，结果美国震怒，对日宣战，随即加入反法西斯的浪潮之中。反法西斯同盟的力量不断壮大，战力的天平开始倾斜。

1941 年底，丘吉尔再次访美。1942 年 1 月 1 日上午，罗斯福、丘吉尔和中苏两国代表首先在联合国家宣言上签字，随后又有二十二个国家的代表签署了这份文件。它强调各国将运用一切力量与轴心国战斗到底。6月7日,丘吉尔再一次飞赴美国进行访问。抵达美国之后,丘吉尔与罗斯福进行了一次会谈,其中涉及到开辟第二战场和原子弹等方面的相关重要议题。在反法西斯战场上,英国和美国正在越来越紧密地被联系起来。

美军的加入,为军工生产和贡品松散疲软的盟军方面提供了一支后勤保障的强大力量。因为在北非战场的失利,丘吉尔向罗斯福提议,希望能够由美方支援一批包含谢尔曼坦克在内的军火。收到这个信息的罗斯福,立刻找马歇尔将军前来商讨,随后调拨了一大批军火,将它们全部运到苏伊士运河。这个举措为丘吉尔提供了很大便利。

但是此时他已经来不及为此感到高兴了,由于近期在土布鲁克战场上的一次重大失利,当丘吉尔6月26日回国时迎接他的不再是鲜花和欢呼,而是更大的挑战。一位主要的保守党议员因为这次失败而提出了对战争的指挥中心的不信任议题。这项动议的提出,使得丘吉尔必须要面对更大的挑战,而且这项动议得到了罗杰·凯斯爵士的附议。这位海军元帅的参与,将对丘吉尔的战略指挥的批评推到了一个新的高度。

7月初,议会按照原定计划举行,各方对丘吉尔战时联合政府的声讨进入了一个较为激烈的阶段。他们在批评中所用的言语十分尖锐和激烈,但被问及是否有比较好的替代措施时,批评者们又没了对策。沃德洛·米尔纳认为丘吉尔权力过大,对于丘吉尔同时担任首相和国防大臣两个职务表示不满,因此,他提出国防大臣应该由当时国王的弟弟担任,但是因为种种原因这项提议又遭到了大家的反对。情况就这么一直焦灼下去,双方争论得难分难解。

丘吉尔的政治聪慧在此刻得到了淋漓尽致的显现,他没有对此发表任何辩解,也没有推卸责任,他首先承认自己确实没能预见土布鲁会沦陷。但

接下来,他开始反击,他将对手们提议中的错误和可能导致的严重后果一一罗列出来,使得他们无话可说。最后,下院对不信任议案进行全体表决,结果,该议案没有通过。丘吉尔凭借其高超的政治手段化险为夷。

虽然这件事很快过去了,但却让丘吉尔意识到,只有战场上的胜利才能稳固自己的首相地位。因此,他必须要采取一些措施了。

转眼间到了7月,英军高级将领奥金莱克亲自上阵,带领第八军,动员全部在阿拉曼的军队修建起一条坚固的防线。当隆美尔的部队打来时,受当地的地理条件影响,德军装甲部队的威力没能全部发挥,防线没有被突破。奥金莱抓住对方士气受挫的机会,组织军队进行了一次大快人心的反击战,在这场战斗中很多德军成为俘虏。从此,这里的局势趋于稳定。

1942年8月,丘吉尔专门去了趟莫斯科,与斯大林就开辟欧洲第二战场及其他问题进行了会谈。苏联人热情地招待了丘吉尔。在会谈中,丘吉尔开诚布公,非常坦率地和斯大林讲出英美两国政府的态度:想要在1942年开辟欧洲第二战场是一件几乎不可能完成的事情。斯大林对美国此时仍然希望不直接介入战争表示了不满。之后,丘吉尔又谈到了现阶段可以替代开辟第二战场的另一个选择,就是在10月份在北非实施"火炬"计划。

"火炬"计划是由丘吉尔提出的,意在全面收复北非,将德国法西斯势力完全驱逐出那里。丘吉尔用了一个非常生动的比喻来说明"火炬"计划的作用,他将德国比喻成鳄鱼,而这个计划就对鳄鱼身体上柔软的下腹部进行有力地打击。斯大林听了这个比喻之后令人意外地显得非常高兴,并对其表示认同,随后与丘吉尔一起讨论这个计划的相关问题。

斯大林的态度虽然有所改观,但是,当两个极其有主见的政治人物一起讨论事情的时候,矛盾分歧是难免的,因此最后双方未能在是否于1942年在法国北部开辟第二战场这一关键问题上达成一致。早在一年前,苏方就多次强烈要求英美两国在西线登陆作战,开辟第二战场,以减轻东线苏德战场上苏军的压力。英美两国在口头上同意开辟第二战场的计划,却迟迟没有采取实际行动。尤其是丘吉尔出于英国自身利益的考虑,竭力避免作出任何具体的承诺。最终,双方只达成了比较有限的共识。

"火炬"能否照亮北非的决定因素,是作战人员、给养和装备的运输。在1941年下半年,准备运给隆美尔的援兵大部分被英国海军送到了海底,这让希特勒大为恼火。英军用以袭击德意运输船队的支撑点和中转基地,就是横在西西里和的黎波里的马耳他岛。于是,希特勒下令攻占该岛。马耳他保卫战因此于1942年初打响。

尽管英国人付出了极为惨重的代价,但在美国海军的援助下,最终顶住了德意联军近乎疯狂的进攻。由于久攻不下,在进攻中所损失的军力已经超过了夺取它所容忍的范围,1942年6月,法西斯军队终于放弃了对马耳他的进攻。这样一来,北非英军的人员和装备都能得到很好的补给,而隆美尔则没有那样的运气,他的补给船队有四分之三会在中途被击沉,为了不至于饿肚子,在北非的德军不得不根据给养的获得情况调整作战内容和频率,在这种形式下,战斗双方的实力渐渐地发生了变化。

10月23日,由新任北非英国统帅蒙哥马利指挥的阿拉曼战役开始了,英国拥有三十个装甲师和相当于七个步兵师的兵力。令人意外的是,在这种关键时刻,隆美尔并没有参加战斗的指挥工作。原来,他因为患病而不得不暂时离开前线,此时正在阿尔卑斯山上疗养病情。而代替隆美尔在战场中指挥的施图姆将军遇袭,引发了心脏病,死在了战场上。挂念军情的隆美尔尽管没过多久就返回了北非,但也没能挽回这种颓势。无奈之下,德军撤到了班加西,半个月时间就溃退了七百英里。在开战之初,德国共有两百多辆坦克,到11月5日,却仅剩下三十多辆。德国空军不再拥有优势,英国空

军开始肆意追击残敌。到达年底的时候,隆美尔就只能缩在突尼斯,等待着命运的安排。在这片土地上,蒙哥马利将那顶胜利的桂冠戴在了头上,从此就再也没有给过他人。

1942 年 11 月,"火炬"计划即将展开。当时的法属北非,约有二十万法国军队,他们听命于维希政府,把自由法兰西的戴高乐将军称为"逃兵",对英国十分仇视。但他们的维希政府实际上已经是德国的仆人,已经是依附于德国的傀儡政府。可惜军人就是军人,是为自己民族作战,还是做别国的鹰犬,并不在他们的考虑范围之内。尽管英美做出了一系列的努力,试图用和平的方式令效忠傀儡政府的法军投降,但最终还是失败了。

由于维希的法军对戴高乐将军的敌视,"火炬"计划一开始就把戴高乐将军和他的自由法国排除在外。但丘吉尔考虑到这样做会让戴高乐将军感到受到莫大的侮辱,建议提前告之与他,但罗斯福总统坚持保密,并让丘吉尔面对戴高乐的质问时"尽管把责任推到美国军方身上来就是了"。

这次行动,英国人吸取了之前在达喀尔因为消息走漏而导致运输舰队遭到敌方袭击导致惨重损失的教训,在尽量加快行动步伐的同时把保密工作做的极为出色。10 月 26 日,所有的英国舰船均已出航,目的地是阿尔及尔。与此同时,美国的一支由六百五十多艘舰只组成的远征舰队也向卡萨布兰卡驶去。两支庞大的舰队悄悄地航行,没有被德国的空军或潜艇发现。直到 7 日,英国的舰队在距阿尔及尔不到二十四小时的航程时,才被对方发现。而美国舰队一直到达了摩洛哥也没人发觉。另一方面,美军派出执掌欧洲战局的将领艾森豪威尔也终于赶到了。11 月 5 日,艾森豪威尔为了正义事业,不惜冒着巨大的危险飞抵直布罗陀,接管了这个地方的防务。此时的直布罗陀将作为临时司令部的所在地。

11 月 8 日,战争打响了,在此之前,盟军已经劝降了当地的最高军事统帅、法国的朱安将军,但是却发生了一个意外的情况。由于他的同僚达尔朗海军上将的家里发生了一些事情,他必须去阿尔及尔。这样一来,朱安将军意外地失去了指挥权,尽管北非的法军都非常忠于他,但达尔朗海军上将则忠于维希政府。这个人一直认为自己投靠轴心国的立场是非常正确的。以前德国曾要求从突尼斯借道给隆美尔的军队运送给养,他同意了德国人的这个想法,但这一想法很快遭到了当时法国驻北非最高负责人魏刚的反对。希特勒在当时比较在意的是苏联,所以对于这些他没有一再坚持。不过,魏刚将军很快就被撤职了。朱安将军曾试图改变达尔朗的想法,但却没有结果,这一举动还引起了达尔朗的疑心,朱安将军和美国在北非的政治代表罗伯特·墨菲被一起逮捕,眼见事情已经没有和平解决的可能,美英部队下定决心进行攻击,战火随即被点燃。

由于双方实力悬殊,法国难以抵挡盟军的进攻。8日上午,达尔朗给维希方面发了一封电报,大致内容是讲阿尔及尔很有可能在当晚沦陷。虽然预料到失败的结局,但是没想到它竟然来的这么快,刚到下午,战场的局势显示法军的失败已经无可挽回,达尔朗面对如此局面,只能上报自己已经让当地司令投降,就这样,阿尔及尔在下午7点宣布投降。盟军意外地抓获了达尔朗海军上将,这对盟军来说十分有利。因为,他们可以依靠这位将军的威望来劝说其他法属北非的投靠。在这次胜利的背景下,阿尔及尔的攻占行动可以说颇为顺利,只有奥兰的法军抵抗则较为顽强,不过战争是用实力说话的,10日上午,奥兰的法军终于因寡不敌众而投降。

进攻法属摩洛哥的任务由美军全部承担。美国人意图兵不血刃,驻防卡萨布兰卡的法国师长贝图阿尔将军,是一个好的内应人选,因为他对德国人恨意很深。贝图阿尔将军经过劝说,同意起义,但不同意逮捕他的上司总督诺盖,而是希望也能劝说他起义。可惜这位曾经把曼德尔等爱国政治

家交到维希政府手中任其与纳粹德国荼毒残害他们的总督没有听取贝图阿尔的话,很快,贝图阿尔将军做了阶下囚。

盟军又一次需要用枪炮说服法国人了。11月8日,一百多艘船舰组成了一支浩浩荡荡的庞大舰队,载着巴顿将军带领的登陆作战士兵,对摩洛哥发起一次猛烈的进攻。法军进行了顽强的抵抗,舰队出港阻止美军登陆,但是他们遭遇的是整个美国舰队,结果七艘法国军舰和三艘法国潜艇被击沉,约一千法军伤亡。这中间还有一个小插曲,那就是在11月10日这一天,德军开入法国非占领区,维希政权垮台。在11月11日上午,总督诺盖服从之前投降的达尔朗的命令率军投降。达尔朗的作用被体现出来了,而这个家伙也"因祸得福",戴罪被盟军任命为了北非方面的法国领地管理者。

德国方面直到最后一刻,才知道盟军舰队的去处,但是显然为时已晚。希特勒不甘心在北非的失败,于第二年初向突尼斯集结军队,并进行反击,但被已经在北非打出气势来的盟军很快击退。之后没过多久,盟军开始向德国人发动攻击,逼迫他们于4月中旬撤回到了突尼斯北部。但他们在这里所获得的也只有短短一会儿喘息的机会而已,4月19日,盟军方面的总攻开始了。经过激战,盟军攻占了突尼斯城和比塞大港,无路可逃的二十五万德意军队全部投降。至此,德国人在北非的势力被全部清除。

北非战场的胜利,让丘吉尔觉得有必要和罗斯福总统来一次当面会谈。于是,丘吉尔漂洋过海到达美国,和罗斯福总统进行了一次场面融洽的会谈。长久以来,欧洲战场上所忍受的窝囊气被近来的反攻行动一扫而空,自然会让人很高兴。5月19日,丘吉尔怀着愉悦的心情,在美国国会发表了一次演讲,赢得了现场听众们的欢呼。

5月26日,丘吉尔离开美国,飞赴直布罗陀,后来又转道阿尔及尔视察。在这里,丘吉尔特意给他的副首相和自治领事务大臣写了一封信,解释自己北非之行的必要性。三天后的下午，丘吉尔同布鲁克、亚历山大、坎宁安、特德、伊斯梅一行在艾森豪威尔将军的阿尔及尔别墅举行第一次会议。艾森豪威尔将军主持了这次会议，和他一块出席的还有他身边的两位主要人物，马歇尔和比德尔·史密斯。

这次会议首先要讨论的问题是攻打班泰利亚的作战计划。艾森豪威尔将军把攻占日期拟定在了6月11日。经过众人仔细分析，想要袭击西西里的南部，首先就要占据这个岛最重要的位置，也就是位于那里的军用机场，这是清洗西西里海峡最重要的步骤。在会议中，人们各抒己见，发表了对这个作战计划的看法。最后，艾森豪威尔将军综合了丘吉尔的发言，对进攻西西里的计划作了一个简短的说明，他表示，所有的人力和物力基本上都可以及时运到，并且数量是绝对充足的。

这时，丘吉尔又提出了一个非常重要的问题：在当前情况下，欧美部队在数量上是无法和东线的苏军来比较的，面对德国的本土兵力优势难有胜算，那么，如果要在西欧开辟第二战场的话，要用什么样的方法才能让英美联军楔入到德军严密布防的地盘上去呢？

艾森豪威尔听了丘吉尔的话，突然想到了一件事，他曾经和艾伦·布鲁克爵士长谈过一次，他记得布鲁克说过，苏联陆军是能够取得决定性战果的唯一地面部队。如此看来，最主要的是要想尽一切办法迫使德军从苏联战线撤走兵力，那样的话，无法保持势均力敌的情况下，德军将不可能再成为苏联红军的对手。因此经过思考，艾森豪威尔将军做出了这样的说明，那就是先行攻打战斗能力没有德国强大的意大利，迫使德国从其他地方回兵来援救，这样就可以在一定程度上减轻被抽走德军的部分前线地区的压力。而如果要进攻意大利，制空权的保证是必不可少的，因此西西里的机场也就成为了志在必得的目标。

除此之外，艾森豪威尔还提到，西西里距离意大利本土很近，此役当中作战所获得的经验可以用来评估意大利内陆驻防的法西斯部队的战斗力。而如果能够成功藉此占领意大利的话，盟军方面对德国的优势将变得更加稳固。他认为，最合理的办法是建立两支军队，分别设在不同的地方，并且都有各自的参谋人员。一支兵力进行对撒丁岛和西嘉岛的作战训练；另一支兵力进行对意大利本土的作战训练。如果西西里真的非常容易攻克的话，届时他将非常愿意直接率军攻进意大利。

丘吉尔对此表示同意，并且希望在8月份左右结束对西西里的战斗，如果能够使战程尽量缩短的话，攻克西西里的胜利会对同盟和轴心两个阵营都造成不小的影响，而在这种情况下，土耳其也会随之加强他们对盟军的支持。这一点与马歇尔将军的想法不谋而合，他进一步提出要求，希望西西里战役最好是在7月底前结束。毫无疑问，过程越短暂有力的胜利，对于盟军方面来说也就越有价值。布鲁克补充性地提出，西西里战斗打响时，意大利内部会有发生崩溃的可能性。如果是那样，应该制定一个行动计划。他认为艾森豪威尔将军可以考虑一下在何时停止战争，如果在那之后对方并没有投降的话，盟军应当进攻到意大利什么位置再行停止。不过，也有人发出了异议，质疑这种想法是否过于乐观。毕竟目前只是在远离欧洲的北非取得了一定程度的胜利，在德意本土作战还能不能取得这样顺利的成功呢？

对于这种质疑，英国的总参谋长表示无须担心，他列出了盟军在地中海的整体实力情况，这里共包括英法美三国部队和英军控制下的殖民地与附属国军队。除去已经有固定任务不能参与进攻行动计划的部队之外，在地中海地区可供盟军使用的还有足足二十七个师的兵力。

丘吉尔听完了总参谋长的汇报，沉静了一下，对会议作出了总结性的发言："德国的一个师并不比一个实力完备的旅团强，另外，我们一个师的实力差不多是他们的两倍。我们有这些部队在手上，如果没有任何表现，我想，这应该也是不可接受的事情吧。"

以生动的说法得出乐观结论的会议就这样结束了，尽管还存在着一些问题没有被彻底解决，但是对胜利的预期已经被绝大多数人所接受。部队被按照会议上的有条不紊地进行了调集，物资也按照它们将要被送往的地址各自被送上运输船。时间很快就到了 5 月 31 日，当天下午的时候，丘吉尔一行又纷纷地来到了艾森豪威尔将军的别墅举行了第二次会议。艾登先生也参加了这次会议。在会议结束了初始的基调发言后，丘吉尔将他在此之前编辑的一份"关于背景的备忘录"交给了与会的同伴们传看。

很快，谈论的话题转到了丘吉尔传阅的文件上，丘吉尔说："我的心早已经放在了意大利的进攻上，这份备忘录是我思考关于这次进攻时所做出的，尽管我希望能做出一个在形式上最佳的抉择。但是战争是瞬息万变的，我们很可能要改变我们的道路。不管怎样，在意大利南部和撒丁岛两个地方，一个光明正大但是艰难，另一个则轻松偷闲，要有一个成为我们的目标。"

艾森豪威尔将军、马歇尔以及联合参谋长委员会在阅读和听取丘吉尔的描述之后，都表示非常理解他现在的心态。不过作为此刻的同伴和盟友，他们比较关注的是在获得最好的战斗结果之后还可以获得进一步安排这次战胜之后作战计划的机会。这场战役对于盟军来说自然是非常重要的，但是它背后所能够陆续打开的战果却也无疑更加诱人。

散会以前，亚历山大将军对大家表示，尽管作战的过程长达两周时间，在这期间可能也会遇到来自敌人和己方的各种问题与险阻，但是盟军应当有信心完成这次任务。以目前的形势来看，战斗目标非常明确，只要能够控制住岛屿通往意大利本土的交通要冲——机场和港口的话，那么对于岛上的敌军无异于一场时间耗费相对较长一点的瓮中捉鳖。不过这场战斗牵连非常大，如

果开战之后,不管前面面临着怎样的艰难与激烈的战斗,对西西里和意大利本土的进攻都应当绝不迟疑。换言之,要所有人都保证能够下定决心。

这次会议之后,艾森豪威尔将军开始搜集关于进攻西西里初期各方面的情报,并把这些情报及时地送交联合参谋长委员会。这样做的目的是让他们及时研究出下一步作战计划。他不仅要提供情报,而且还要根据这些情况随时提供有利的建议。他的工作将在接下来的日子里为盟军的行动提供无比关键的支持。而在以后的两天中,丘吉尔等一行人也没有停下脚步,他们视察了部队和一些之前作战胜利的战场,确保作战前部队的士气能够时刻保持高昂。

随着作战准备越来越接近尾声,6月初,这些手握着数十万士兵生命的统帅们进行了最后一次会议, 会议上所讨论的大部分是关于轰炸罗马的火车货运结集场的问题。这些结集场是对于当时意大利境内的法西斯军队来说非常重要的物资枢纽。对这处集结场发动袭击唯一需要注意的就是不要损害旁边的其他地方,除此之外,这次轰炸行动再无其他方面的顾虑。如果没有什么意外的话,在丘吉尔和马歇尔的联合建议下,这个行动应该会获得批准。

负责执行计划的蒙哥马利将军在会议上汇报了一些情况。他觉得现在他所带领的所有指挥官,都对当前的计划很有信心,虽然在后勤方面存在一些不妥善之处,但他们对此进行过细心研究,并研究出了应对的措施。另外,有个比较严重的问题,他们一共有两个空降师,但是飞机的数量只够运输一个师。在初期,他所能使用空运的实力大约只占了三分之一;其余的要在进攻开始后的几天才能使用。蒙哥马利将军表示,如果飞机再多一些的话,他就能在一开始派遣另一个空降旅。但是现在最严重的问题是没有飞机,尽管人们都认为形势是值得乐观看待的, 但是这件事对于本次和以后作战的影

响显然也应当受到关注。至于"哈斯基"以后的作战计划,他感觉最重要的是,要决定一个明确的方向,并运用一切的军事实力向那一方向开展。

对于这一系列问题,马歇尔将军和布鲁克将军都表示十分赞同,本次会议在一种非常融洽的氛围中结束了。随后,丘吉尔和艾登一同飞跃直布罗陀,回到本国。

不过,当时他们并不知道,这期间还出现过一个插曲:由于丘吉尔抵达北非的消息被媒体报道了,德国人知道后对此非常留心,从而导致了一场悲剧的发生。那天,一架商业飞机按照每日都要起飞的惯例,即将从里斯本飞机场起飞,就在此时,一个很矮的胖子走近这架飞机,他看上去没什么特别,就跟一个普通的乘客一样,但是他的真实身份却是一个德国间谍。在对这架飞机的情况作出详细的调查之后,这个德国间谍很快就给德国本部发了相关信息,说丘吉尔会乘坐那架飞机。几个月来,这架客机往返于葡萄牙和英国之间,一直没有什么突发状况,但这次不一样了,德国派出一架战斗机,向这架被证实有"大人物"乘坐的飞机发射了数十发炮弹,残忍地将其击落了,当即造成飞机上的几十名乘客死亡。纳粹德国的头上由此又添上了一笔血债,此时,距离法西斯的彻底崩溃,还有不到 3 年的时间。

丘吉尔回国一个月以后,就开始准备代号为"哈斯基"的西西里战争计划。虽然无法和进攻诺曼底的计划相比,但是它的重要性和艰巨性是不容置疑的。详细的计划由彼此的总部相隔数千英里的各个下级司令官制订,到时候这些计划必须由驻在阿尔及尔的最高统帅综合起来,进行统一实施。为了便于编辑计划,这里设有一个盟军参谋部,专门负责对所有工作进行审核和调整。随着计划的展开,很多问题也随之而来。经过商议,盟军方面最后决定,船队必须要集结成群,让军舰在侧面护航,经过不算宽阔的海域,寻找一个恰当的时机,在作战区域汇合。

艾森豪威尔将军的总部从 2 月开始拟定计划,而现在到了必须安排他的主要部署的时候了。在盟军并肩作战的所有战争中,往往是兵力比较雄厚的一方占据指挥权。这一点可能是出于政治上的考虑,或者随着其他战场上相关作战活动的改变而改变,但是由强大的军队来掌握战争的指挥权是明智的。在正式担任指挥官之后,艾森豪威尔将军对战争进行了如下详细的部署:

首先让亚历山大将军指挥空军,他的任务是对敌军的小岛进行 7 天左右的轰炸,以便削弱敌人的力量,让他们的海军与空军发挥不了作用。轰炸完成之后,在空军掩护下,英国第八集团军要在蒙哥马利将军的率领下对波尔科蒙罗角和波扎洛之间的地区进行攻击,主要目的之一是夺取锡腊库扎和帕基诺的飞机场。然后要进行的是,建立一个足够稳固的前进基地,同左翼的美军呼应,之后全面向北前进。

在此同时,美国第七集团军也同样有任务要执行,那就是在巴顿将军的率领下,在斯卡拉米亚角和利卡塔之间的地区登陆,然后占领利卡塔港和杰拉东面和北面的一组飞机场。这样就可以对正通过拉古撒向前推进的第八集团军的侧翼进行必要的掩护。另一方面,强大的英美空运部队飞跃滩头堡,通过降落伞和滑翔机达到登陆的目的,这样做可以占领相关据点,对登陆行动起到很好的支援作用。

在这次战役中,由于敌人误解了盟军的意图,他们将大部分的兵力都调到西西里岛的西海岸。这种情况使得美英的空军无意中于进攻过程里占据了显著的优势。盟军的作战飞机有四千多架,其中英国有一百二十一个空军中队,美国有一百四十六个空军中队,而敌人在西西里岛、撒丁岛、意大利和法国南部所能集中的飞机总数只有一千八百五十架。

艾森豪威尔将军指挥着海陆空三军,依据既定计划按部就班的行动。首先,盟军空军开始对班泰雷利亚小岛进行空袭,整个轰炸过程持续了六个昼夜,岛上的一万多守军最终全部投降,盟军于 6 月 11 日开始登陆行动,因为准备得相对充分,这次登陆十分顺利,使盟军几乎没有遭遇任何伤亡。

在以后的两天中,盟军展开了更猛烈的空袭,轰炸了当地的飞机场,使许多机场处于瘫痪状态。德国空军处于被动防御地位,不得已之下,他们将远程轰炸机基地转移到意大利本土。盟军渐渐完全取得了制空权,而轴心国似乎对此采取了听之任之的姿态,并没派军舰和战斗机阻挠来自海上的袭击。这几乎已经证明盟军声东击西的策略奏效了,德军始终不知道他们究竟要在哪里展开攻势,指挥和通讯系统反应迟钝。造成的直接结果就是兰佩杜塞和利诺沙附近的两岛在短暂的抵抗之后相继向盟军投降。至此,西西里岛南面的前哨阵已经全部被拔除。

7 月 9 日早晨,从东西两方相对前进的两大舰队终于碰头了,最终在马耳他岛的南面合二为一。渐渐地,海上开始起风了,到了傍晚的时候,海上浪涛汹涌。如此恶劣的海况给盟军登陆带来了相当大的困难,美军登陆的西海岸则更甚。登陆艇是登陆的必备工具,它们在浩瀚的海洋上面集结成船队,纷纷从马耳他岛和比塞大与班加西之间的一些口岸出发,即将进行一次非常颠簸的航行。在行进的过程中它们受到了重重阻碍,队形都被风浪打的散乱不堪,但幸好没有造成什么显著损失。

由于环境恶劣,他们事先就作出在必要情况下可以推迟登陆的安排,但相关决定必须要在中午之前作出。此时,身在海军部的英国第一海务大臣正怀着十分焦虑的心情在等待着消息,他通过电讯随时关注天气情况。晚上八时左右,坎宁安海军上将表示,现在已经不能有延期登陆的念头了,天时不利,但是作战行动可以照常来进行。为了作战的胜利,不可能一点风险都不冒,而现在,正是展现这种精神的时候了。

1943 年 7 月 10 日凌晨,西西里岛的战役正式打响了。各盟军都开始了行动,从最初的突击开始,参战的大小军舰和运输船只有将近三千艘,带着充足的武器装备,开始对西西里岛东南部发起进攻,实行两栖登陆。

　　轴心国方面,当时守卫西西里的意军是二十三万人,德军四万人。意军有十一个师的兵力,虽然在人数上有很大优势,但因编制不足,威胁也就减少很多,因为其中的七个师是海岸防卫队,这里的士兵大多不是什么正牌军,这样的军队士气低迷,战斗力也不高。另外,这里的德军驻扎了两个坦克师,其中一个师的战力不可小觑,它是戈林党卫师,属于精锐部队。另外一个情况就是, 意大利海防部队那段时间连续很久都处于高度戒备状态,因此被弄得十分疲乏,再加前一天海上忽然起了大风,弄得海面风高浪急。因此,他们都认为不可能有船只会在这样恶劣的海况中航行,所以到了晚上,士兵们不再四处巡逻,都回去倒头大睡了。盟军顶着风浪突进的突进行为由此为他们自己赢得了能够轻松登上岛屿的机会。

　　战斗很快打响,在前线,第八集团军的主力正准备朝着卡塔尼亚和杰尔比尼的飞机场进军。与此同时,空降着陆的散兵越来越多了,而且一部分突击队也在海上靠岸了。桥梁被攻占了,并且据守了大概十二个小时,等到援军到来时,他们就只剩下不到二十人,最终多亏陆军的协助,他们才能顺利渡过西梅托河。

　　盟军到达岛上以后,发现了一个非常严重的问题。因为事先没有估算到人数众多的意大利陆军,为了保卫国家,他们很可能进行殊死的战斗。如果在他们奋起反抗的同时,旁边有强大的德国陆军和空军协助,那他们必将如虎添翼,这样一来情况势必变得棘手。不光如此,意大利舰队还拥有六艘精锐的现代化战列舰,如果它们参加到战斗当中,又是一股难以对付的海上力量。事实上,英美联军的担忧成真了,当他们的军队到达岛上之后,德意联军的反抗逐渐加强,尤其是意军反抗尤为强烈,他们爆发出了在海外战场上所不能匹敌的战斗力,拼死掩护他们的主力和装备撤退到意大利本土。美军前线的美国第一师,遭到了意大利装甲师的猛烈反攻。虽然最初形势非常危急,但经过一场生死搏斗以后,敌人被击退了。虽然遇到阻碍,但盟军依然选择继续前进,因为他们还要攻取杰拉东面的重要飞机场。糟糕的是,这时德国军队来增援受到美军强烈攻击的意大利人,也正因如此,在美国陆军渡过一条河流之后就停滞不前了。

7月16日,经过长途跋涉,第八集团军的左侧部队终于抵达卡尔塔吉罗内。接下来,他们与另一股美军取得了联系。当时,这股美军正沿着海岸向西推进,并已占领安佩多克累港。这期间已经有十多个飞机场被盟军占领。一千多架飞机被轰炸后留下的残骸堆在战场上,其中有一大半是德国飞机。

亚历山大将军指挥八集团军,对埃特纳火山的西面发起攻击,同时命令第七集团军炸毁恩纳四周的公路,还要求将佩特拉利亚的东西通道截断。这个时候,意大利的援军也到来了,其中包括第一伞兵师的六个营。虽然英国在它的左侧占据了一些土地,但是德国援兵的到来还是破坏了原来的计划,这样就需要制定新的计划并应势调动军队。幸好,因为反应及时,在援军还没到达这里之前,英国前线暂时平静无事。不过,尽管遇到了这一系列的临时情况,但经过盟军的努力,这次登陆最终还是以成功告终。这也为之后进一步进攻西西里岛腹地奠定了基础并提供的立足点。

7月22日,英国的参谋长委员会督促美国盟友,在假定可以获得额外的船舶和航空母舰的条件下,制定出直接攻打那不勒斯的计划。但这个时候,美国与英国之间的矛盾已经产生了,美国人同意进攻,但是却又不想按照英国的安排走下去。双方的分歧逐渐演变为了争执,为了表明态度,美国方面还表示不再派军队支援艾森豪威尔将军。此外,美国坚持要把他们的

三个重型轰炸机大队撤往英国。因为美国的三军参谋长对于击败意大利就能动摇德国根基这件事，从一开始就持否定态度，不但如此，他们更加担心，如果德军忽然撤退，盟军打出的这一记重拳落空，不但无法达成打击效果还会招致对方的抱负，结果得不偿失。他们还认为如果仅从意大利南部的机场起飞前去轰炸德国南部不会起到多大的作用，最好是对德国的一切有生力量进行打击，尽管在短期内无法实现，但是战略上依然还是应该以这一项指标作为核心才对。

有关意大利的问题，英国的参谋长委员会指示，首先要做的是必须要将意大利从战争中彻底拔除。而达到这一目的最有效的方式就是对那不勒斯发起进攻。如果意大利溃败，那么横渡英吉利海峡发起攻击的机会就大了很多，这样做不但能保证其成功，而且将是一个具有决定性意义的行动。

空军参谋长波特尔也对这个问题看得十分透彻，他认为，要想毁掉德国的工业，尤其是一些制造战斗机的工场，那么意大利机场就是这场轰炸行动的一个必要的跳板。因此，占领位于意大利的那些机场变得尤为重要，但是美国人对此却仍然无动于衷。由于这次作战计划中规定要使用的各种部队，绝大多数都是英国的，所以英国向美国表达了即便由英国单方面行动的话，他们也会采取一切力量保证计划成功的决心。在英国的坚持下，美国勉强同意了英国提出的计划。由于远程战斗机有一些难以克服的缺点，因此海军部派遣了较为强大的海军阵容协助登陆。不光海军，空军对登陆贡献出自己的力量，将三个原本预备提前撤离的轰炸机中队，交由艾森豪威尔将军统一指挥。

7月25日，就在盟国在矛盾中磕磕绊绊地推动着向意大利进军的进程时，墨索里尼下台了。这一变化使得整个局面开始有了变化，"进攻意大利"变得更有说服性。计划照常实施，不过盟军攻入意大利的计划历经波折之后才取得了成功。之所以会这样，是因为当墨索里尼不再担任执政的消息传进德国人耳朵的时候，他们立即做出了应对措施，使盟军的进攻受到了阻碍。不过，幸好英国额外增加了海军和空军力量，使得这次战斗还是取得了成功。及至当年的 8 月 3 日，盟军对西西里岛的攻势完全展开了。美国第七集团军的表现很出色，作战十分勇猛。而加拿大的部队虽然刚刚加入到这场战争当中来，但取得的战果却很令人满意。尽管如此，但是取胜却仍然与他们之间有着一定距离，在西西里岛上的行军并不顺利，因为岛上的路只是几条穿山越岭的小道，这样的情况使得盟军的推进速度缓慢下来。不过，这样的条件利于在遭受攻击时就地组织防守，也更容易对敌军进行破坏活动。

时间又过了两天，第七十八师不负所望，顺利攻克琴土里佩，拿下卡塔尼亚，这场战斗打完，标志此处的行动已经接近尾声。此后，整个英军战线向前推进了一大步。另一方面，美国第一师不惧艰险，经过惨烈的战斗之后，在 6 日这一天终于占领了特罗伊纳。13 日，朗达佐被盟军攻占。之后，德军在墨西拿海峡的猛烈的防空炮火掩护下，以夜色为掩饰，逃回本土。在德军节节败退的情况下，盟军迅速地向墨西拿推进，并在 8 月 16 日进入了墨西拿。

丘吉尔对于战争有着敏锐的洞察力，总是能对战争作出准确的推断。7 月 10 日，他预测，虽然有少数溃散的意大利军队逃亡，但是驻守在岛上的绝大部分兵力都将被歼灭。缴获战利品和军用物资的数量现在难以估算。并且，在整个作战的过程中，空军一直掌握着制空权。因此，他们的空军部队能够集中力量支援战场上的陆军。陆军在地上推进过程中所获战果颇丰，空军的收获也很大，仅缴获的敌机就有一千多架。皇家海军尽职尽责，在战斗中成功地保持了海路的畅通无阻，并运送盟军所需要的一切物质援助，系统间的配合十分默契。

激烈的战争持续了一个多月，英美军队取得了西西里岛战役的胜利。在

135

战争中,地形因素给英美联军造成了重重阻碍,比如一些狭窄的道路,一些堵塞了前进道路的埃特纳火山的高峰峻岭。即便如此,盟军还是克服了困难,顺利地完成了登陆计划。在对本岛的战斗刚开始的时候,意军被打得措手不及,但恢复过来以后,就进行了一次顽强的抵抗。不过,此时胜负已经成为定局,意军再作反抗也是徒劳。很快,意军就被迫撤回亚平宁进行防御。根据马歇尔将军的战后的统计报告统计,敌人一共损失了十多万人,其中有三万多人是德国人。盟军死、伤、失踪人数合在一起,共损失了三万多人。

可可西里战役期间,意大利国内发生了重大变故。在墨索里尼下台后,新上任的政府还没有来得及与盟军开始和谈,德军就立刻攻占了意大利,而仓皇出逃的意大利王室和新内阁建立反法西斯政府,意大利合法政府正式加入反法西斯阵线。另一方面,1944年初,随着盟军不断地取得胜利,旨在彻底击溃法西斯侵略、开辟欧洲第二战场的"霸王"计划也正在紧锣密鼓地实施着。

纵观上半年的整体趋势,在西欧的范围内,反法西斯运动疯狂的蔓延,各国的人民群众都拿起武器进行反占领的斗争,这大大的动摇了德国占领军在世界各地的存在。特别是法国方面,戴高乐将军带领自己麾下的法军同德国展开激战,最终取得胜利。1944年8月26日,戴高乐将军攻占巴黎,并举行了正式的入城仪式。至此,被德国占领了四年的巴黎终于获得了解放。

这次战争,德军参与作战的士兵有四十万人,其中一半变成了俘虏,坦克一千三百部、车辆两万部,野战炮一千五百门,原本用来侵略和掠夺其他国家的工具最终变为了德国的耻辱与罪恶的铁证被呈现在全世界的目光之下。

同时,苏军从6月10日开始进行反攻,整个战斗中,胜利的消息接二连三的传来。两个月之后,苏军已经将战火燃烧到东普鲁士的边境。8月26日,保加利亚从战争中退出。接下来,芬兰也退出了战争,并对德军发动进

攻。此时，战争已经快要打到德国本土，齐格菲防线无人防守。西线的德军损失了几十万人，隆美尔的参谋长斯派达尔将军说："地面上的部队已经不存在了，空军就更不用说了。"

其实到 9 月底，德军的败局已定。但希特勒仍然不死心，还要进行垂死挣扎。于是，纳粹当局强令一些符合条件的男子应征入伍。就这样，德国在 9 月和 10 月间征集了五十万人投入战场。同时，德国人还丧心病狂地发射了很多远程无人火箭轰炸英国的伦敦及其东南部。不过为时已晚，德国作出这些举动只是起到了一定骚扰的作用，对于盟军的整个攻势没产生任何影响。盟军仍在向柏林步步推进。

战争进行到这种地步，西线方面的德军在后无退路的情况下抵抗得极其顽强，这不但阻碍了盟军前进的步伐，而且也使得盟军伤亡惨重。因此，蒙哥马利被迫放弃了他设计的空投计划。加之冬天的渐渐临近，盟军只好放慢了进攻的速度。

在这样的情况下，丘吉尔为了盟军内部加强合作解决这个法西斯在欧洲的最后堡垒而加大了自己的活动力度，10 月 8 日，丘吉尔率人前往莫斯科进行访问，在与斯大林进行了一次不算成功的会谈之后，又于 11 月 10 日，丘吉尔前往法国进行访问，受到法国政府的盛情款待。之后，戴高乐政府授予丘吉尔"巴黎荣誉公民"的称号。

1945 年初，斯大林决定在中线加强火力之后，苏军在仅仅三周的时间内就疯狂的向前推进了 500 多公里。这样，苏军距离柏林只有 70 公里了。苏军取得这样的战果，为西线的盟军减轻不少压力，也为最后的胜利打下基础。在最后的进攻到来前，执掌英美苏三国的三位"老朋友"迎来了他们的又一次会面。此时的罗斯福是第四次当选总统了，他虽然面带病容，但由于受到了很好的照顾的原因，气色还是不错的。会议讨论的主要内容就是如何在战

后处理德国的问题。在丘吉尔的坚持下,会议同意将一块占领区划给法国。会上还对联合国组织的建立、常任理事国等一系列问题进行了讨论并得到了一致的意见。从这一刻起,纳粹德国的灭亡已经只是时间问题了。

3月23日,丘吉尔乘坐飞机前往蒙哥马利的司令部,与蒙哥马利将军就战争的局势交换了意见。几天之后,美军包围了德国的主要工业区鲁尔。英加联军则全力向北方推进,行军过程中经过了荷兰北部转而向着德国汉堡挺进。随着各路盟军的强力进攻,德国方面终于意识到了局势的严重性,逐渐有愿意与盟军进行和谈的声音传了出来。

盟军方面当然不会放过这个机会,3月下旬,德军中有人在瑞士与亚历山大将军的手下进行了会面,但是此次交谈并没取得什么实质性成果。而且这件事情被苏联方面得知之后,西欧受到了他们非常不客气的指责。他们认为,西欧洲国家在没有苏联代表在场的情况下暗中同德国进行谈判是对苏联极大的不尊重,尽管这件事英美已经提前告知了苏联的外交部。丘吉尔和罗斯福对此都感到了恼怒,并给予了反驳。在战争即将结束前夕,反法西斯同盟之间的裂痕重新开始闪现了。

然而,世事总是变幻莫测,指责和反驳的声音言犹在耳,三大元首中的一位却转眼就已经不在人世了。4月12日,美国总统罗斯福突发脑溢血逝世,听到这个消息的全世界各国都感到非常震惊,斯大林和丘吉尔暂时收起了纠纷,各自在国内为这位战友的离去举行了盛大的悼念活动。丘吉尔尤其为失去这样一位好盟友悲痛不已。此时的他最想做的事就是去华盛顿参加罗斯福的葬礼。同时,他也想见见美国的新总统杜鲁门,但由于种种原因未能成行,最后只好派艾登代表他前往美国。

4月下旬,柏林被苏军包围,苏军同美军在易北河会师。4月29日,德军的一名司令冯·菲廷霍夫宣布无条件向盟军投降。不久之后,意大利也发

生了一件颇为重大的事情。意大利内部发生巨变,如同丧家之犬的墨索里尼和情妇一起逃往瑞士,但是天意弄人,他们在逃亡的途中被意大利游击队抓获,最后被枪决。

30 日,希特勒与爱娃·布劳恩双双自杀,尸体遭到火焚处理。

5 月 3 日, 德海军邓尼兹上将以希特勒指定继承人的身份遣使与蒙哥马利将军接洽投降事宜。7 日,德国宣布无条件投降。签订的投降书在两天后的 9 日零时生效,同一天在柏林举行了正式的签字仪式。

5 月 8 日,这是值得英国人欢欣鼓舞的一天,丘吉尔向整个国家的人民通告:第二次世界大战结束了。

战争的紧迫已经过去,现在一个急需解决的问题就是,联合内阁在战后是否有必要继续存在下去。5 年来,这个政府一直在执政,而且英国已经连续 10 年没有举行大选了。因此,当务之急就是丘吉尔要把大选的时间先定下来。

5 月 18 日,丘吉尔在工党领袖艾德礼的暗中帮助下,以致艾德礼的名义写了一封信。丘吉尔在信中询问工党是否同意大选在打败日本之后再举行。工党年会召开的时候,与会的人就这个问题展开了投票活动。结果,大多数人都提议尽早举行大选。保守党内部的人员也是一样的想法,因为他们认为这样做可以更好地利用丘吉尔的个人威望,使得选举胜算更大一些。最后,综合大家的意见,大选被定在 7 月 5 日这一天举行。

5 月 23 日,丘吉尔提出了辞职,然后,应国王的要求成立了看守政府。28 日, 他在唐宁街 10 号为退出内阁的重臣们举行了一个别开生面的茶话会。在会上, 他以复杂的情绪与这些共同度过了整个战争岁月的同僚们说了最后的一些话,此时,他已经意识到,首相的位置,可能将不再属于自己了。

选举在 5 月下旬的时候拉开了序幕,很多选举活动也随之开始,原本

还在关注战争的人们将注意力转移到选举问题上了。丘吉尔先后用广播发表了数次的演说,演说的内容除了涉及改善人民生活的政策,还猛烈地抨击了工党。一时间,他在人民的心中由国家领袖变成了狭隘的党派利益的保护者。这种形象上的落差让人们感到难以接受。

选举工作的时间很长,投票日之后还需用一段时间来完成计票工作。丘吉尔便利用这段时间带着艾登和艾德礼去参加"三巨头"会议。丘吉尔认为现在他不能决定会议上的任何重大问题,因为选举结果还没有出来。7月17日,丘吉尔从美国国防部长的口中得知原子弹试验成功的消息。22日,英美双方正式作出对日本战争中的决定:使用原子弹。

26日,选举的结果公布的时候他们就能在场了。丘吉尔对自己在选举中获胜一直很有信心,不过在选举公布的前一天晚上,他却产生了种种不利的感觉,陆续传递来选举信息让他觉得形势似乎不妙。

第二天中午,选举的情况已趋明朗,虽然丘吉尔当选议员,但是保守党只获得了197个席位,遭到失败。而工党则获得393个席位。战火纷飞的时候,丘吉尔作为首相,确实为英国作出了不可磨灭的贡献,但此刻,他也只能无奈地接受下台这个事实。

当天晚上,丘吉尔就提出了辞职,并建议国王召见艾德礼。这次会见,国王觉得很伤心,他安慰丘吉尔,想授予丘吉尔嘉德奖章,但被丘吉尔拒绝了。丘吉尔认为他不适合在这个时候接受这个荣誉,之后便向国王建议将这枚奖章授予艾登,但艾登也以同样的理由拒绝了。后来,国王召见艾德礼并让他组阁。

后来,丘吉尔在唐宁街向人们发表了声明:"向那些在危难中我曾经为之服务过的人民表达我深厚的谢意。"丘吉尔对于自己不能亲自参与到对日的战争颇觉遗憾,但他依旧发表了对日战争的相关言论,表示盟军已经

做好准备,战争会很快结束。

后来,丘吉尔在他的回忆录中写下了古希腊普鲁塔克的名言:"一个强大民族最擅长的就是,抛弃对于她们来说非常伟大的人物。"丘吉尔通过这句带有嘲讽意味的名言表达了他内心的无奈与气愤。不过,他的下台并不是全无道理的。从经济层面来看,第二次世界大战使英国经济蒙受巨大损失,残酷的战争使英国损失四十万人口,全国四分之一财富毁于战火,四十六万栋房屋荡然无存,二百万人无家可归。英国国债由 1939 年的七十二亿英镑猛增到 1945 年的二百一十四亿英镑。工业产量急剧下降,出口贸易锐减。在国外,英国海外市场紧缩。为了还清战争期间军需供应的债务,英国不得不忍痛割爱,把在南美洲、加拿大、远东和近东、东南亚、欧洲的许多经济市场转让给美国。

从选民心态来看,长期饱受战争煎熬的人们,一方面希望停止战争,期待美好生活尽快开始。英国人为战胜法西斯德国作出了巨大贡献,同时也承受了失去亲人的痛苦及繁重劳动的折磨。在生产第一线的工人每天经常工作长达 12 小时以上。食品严重缺乏,生活水平下降,人们希望大选是美好和平静生活的开端。因为经济问题,失业、医疗、养老等问题困扰社会。人们不希望回到三十年代经济大萧条时期那种令人沮丧的日子。因此,要求社会改革的呼声酝酿已久,在这时表现得尤为强烈。尽管这些战争带来的伤痛不能全怪在丘吉尔身上,而且正是由于丘吉尔果敢坚毅的领导才使英国人最终取得了战争的胜利。否则,他们的苦难将会更为沉重而持久。可惜,普通人并不会想得那么深远。

在从首相职位上退下来之后,丘吉尔的生活丰富多彩,各种荣誉纷至沓来。为人所津津乐道的是他是一位高龄长寿的政治家。英国人对此没怎么惊讶,反倒是美国人对此尤为关注,多次为丘吉尔顽强的生命力而发出

惊叹。早在二十年前,伦敦一家电影公司就受命组织一个电影摄制小组,筹备拍摄丘吉尔葬礼的文献影片。现在该小组的三个摄影师已撒手人寰,可丘吉尔依然健在。在大惊小怪的美国人看来,丘吉尔简直是创造了从政者的奇迹。但这种奇迹也必然有着总结的一天。1965年1月9日,丘吉尔一改往常的生活习惯,当晚他放下了自己最喜爱的雪茄,同时也不想喝白兰地。身边的人没有意识到老人的改变,只是以为这是他临时的改变而已。

然而,第二天,他就变得卧床不起,食欲不振,神志不清。医生诊断丘吉尔是再度中风。而后,丘吉尔的病情渐渐严重,他开始陷入昏迷状态,连续十几天一动也不动,只是有着微弱的呼吸。这位曾经驱动欧洲抵抗纳粹的决断者终于迎来了他最后的日子。1965年1月24日,也就是七十年前他父亲伦道夫·丘吉尔逝世的同一天,二战的风云人物温斯顿·丘吉尔的心跳渐渐衰弱,以至于停止。就这样,他离开了这个世界,享年九十岁。

去世的讯息传开后,他再度成为世人瞩目的焦点。英国的传媒界对此发表一篇纪念文章说:"全英国在哀悼,全世界都在哀悼,丘吉尔的逝世是一件历史事件。今天的孩子不仅要牢记这一历史事件,而且他们到了晚年的时候还要将这些事情将给他们的孩子听……对丘吉尔的哀悼已经使现代生活显得不是那么重要了。"

丘吉尔逝世的消息刚传出去,英国政府马上宣布为这位作出巨大贡献的人物举行国葬。其实,早在七年前,女王就已经有了这个提议。举行葬礼前的一个星期,议会休会,丘吉尔的遗体被停放在威斯敏斯特大教堂内,并举行了公开的遗容瞻仰仪式。灵柩先由议会议长和三个政党领袖在四周守护,后来又换上国防部和陆海空军三军四位参谋长守灵。前来向丘吉尔表示敬意的瞻仰队伍竟超过三十二万人。守灵人身份如此尊贵,前来瞻仰遗容的人数如此之多,足见丘吉尔在英国人心目中占据着多么重要的位置!

二战浪漫曲

1965 年 1 月 30 日，伦敦在瑟瑟寒风中为这位伟大的首相送行。

上午 9 点 45 分，运载丘吉尔灵柩的炮车离开议会大厦。这辆制作于 1880 年的炮车经历不凡，它曾出现在维多利亚女王、爱德华七世、乔治五世和乔治六世等四位君王的葬礼上，这是第一次运载一位非王室血统人士的遗体。丘吉尔灵柩上覆盖着一面英国的国旗，其上放置着耀眼的嘉德勋章。一分钟一发的吊唁礼炮推动着炮车的车轮缓缓向前滚动，陆海空三军军乐队轮番吹奏贝多芬和肖邦的葬礼进行曲。炮车后面，是一支三千五百多人的送葬队伍，街道两旁挤满了自发赶来的各界人士，悲戚之情笼罩在每一个人的脸上。11 点 45 分，炮车来到圣保罗大教堂，伊丽莎白二世和王室成员都聚集在这里等候灵柩的到来。

这也是英国历史上的第一次，因为在此之前，王室成员从不出席这类仪式。参加国葬的还有许多外国政要和社会名流，其中包括法国总统、西德总理、苏联元帅、美国前总统等。

下午 1 点 30 分，隆重的国葬仪式在丘吉尔生前最喜欢的赞美歌声中宣告结束。

为遵从丘吉尔的遗愿，他的灵柩被运回他的家乡。国葬的盛大仪式过后，游艇载着丘吉尔的灵柩从塔山启程，辗转到滑铁卢之后，再改用火车将灵柩运往丘吉尔的出生的地方。这个地方很平凡，但因为诞生了一位伟人之后，它又显得十分不平凡。它就是布伦海姆宫附近、母亲当年因骑马而早产下了他的那个小车站。因为葬礼分别在不同的地点举行，整个过程持续了很多天。之后，丘吉尔终于与他的父母和弟弟长眠在一起。这位伟人的安睡地就在布伦海姆宫附近一个名叫布雷登的教堂的一块墓地上。生前，他的愿望就是去世之后能够以一个军人的礼仪下葬，并且早在几年前他就已经对自己的葬礼进行了详细的设计。现在，他的愿望实现了。

丘吉尔是一个深具内涵的人，同时也是一个容易引起他人误解的人。丘吉尔的身上难免会有缺点，但他的优点却闪耀着超乎常人的光辉。人们对他进行怎样的赞美都是不过分的。就连他的对手都对他钦佩不已，更何况是仰望这位英明决策者的普通人呢？丘吉尔的同事，同时也是他的对手艾德礼，曾经婉转地评论丘吉尔说："他就是一张分了很多层的饼，其中的一层包含17世纪，18世纪他是很清楚的，19世纪当然有，而那层厚厚的就是20世纪。"

丘吉尔在一生中经历了英国的巨变时期，他见证了"日不落帝国"霸权的衰落。他也曾想过改变这种情况，但即便有他这样人物存在，也不能改变历史前进的方向。他对历史和现实同样重视，也擅长借助历史的经验捕捉隐藏于现状背后的真理。因此，他才能在看起来无法改变的时运面前尽自己的所能力挽狂澜，将自己和许多人的命运推向另一个轨道。

一代伟人丘吉尔就这样走了，然而他留给人们的思索却是永恒的。

东条英机

东条英机

1948 年 12 月 23 日,午夜 11 时 30 分,东京。朔风凛凛,漫天的雪花飞舞,整个城市呈现出破败、荒寒、凄冷的景象,到处都是战争遗留的颓垣断壁,马路上尽是行色匆匆面目憔悴的人群。这个城市不再有往日的欢呼与狂热的景象 。上述的情况正是经历了第二次世界大战的全面失败的日本的真实写照,此刻的日本朝野上下都沉浸在巨大的悲痛之中。东京巢鸭监狱,室内阴暗潮湿逼仄狭窄,强劲的冷风裹着雪花以极强的韧劲从门缝和窗缝挤进室内,给室内的犯人在悲痛之余添了如许寒意。寒冷从心底漫向全身,他的心一阵抽蓄,身体也随之发出短暂的颤抖,死亡的幽影早已悄悄来到他的身边。站在窗口的犯人缓缓转过身,深灰色的死囚服包裹着他矮小精壮的身体,冷峻坚毅的面孔下的一撮花白的胡子不时抖动,光秃秃的脑袋下目光寒气逼人,被架在鼻子上的黑框眼镜巧妙掩饰。望着窗外肆虐的狂风和飞舞的雪花,他的心像是长满了嵩子草,扎心扎肺的疼。他已经望向窗外很久了,有些累了,颓然倒在床上,陷入了沉思,陷入了漫长的回忆。

他就是使世界布满硝烟,将战火烧遍亚洲,给人类带来毁灭性灾难的战争狂人,日本内阁第 40 任首相东条英机。

3 年前日本战败,他的前任,日本贵族近卫文磨为了回避战争责任,服毒自杀。兔死狐悲,他自感战争失败,自己负有不可推卸的责任,上负天皇,下误国家,现在又为世界人民所唾弃。美军登陆时派人捉拿他,东条英机知道盟军不会放过他,便效仿前任首相近卫文磨,开枪自杀,不料因心脏错位,自杀未遂,被盟军囚禁在此,寒来暑往,已过三年,往事斑斑,一一浮现于脑海。

绞刑,结束了东条英机波澜壮阔、罪恶滔天的一生。东条英机生于1884年,家里是武士阶层。之后,由于家中发生变故,举家迁往东京。他的父亲东条英教毕业于日本陆军大学,是该校第一届毕业生。他师从德国教官梅克尔少校,陆大毕业后赴德国留学,回国后供职于参谋本部,因著有《德国陆军野外勤务令》,声名鹊起,晋升少校军衔,在军界崭露头角。在迁居东京前,东条英教与德永千岁小姐结婚了,他的妻子是万德寺住持的女儿。婚后,先有长子和次子出生,不幸都早夭,阴郁的气息充满了家庭每一个角落。直到明治17年(1884年)12月30日东条英机出生,东条英教喜不自禁,东条家族总算后继有人了。看着东条英机一天天成长,父亲极力培养,教育儿子从小树立"大和魂"武士道精神,做天皇陛下的御盾,扬国威于四海。东条英机也期待着继承父志,征战沙场,为国立功。明月当空,东条英教挥舞着倭刀,寒光闪闪。幼小的东条英机在旁边看得痴痴呆呆,完全被父亲的风姿与威严所震惊。东条英机幼时入当地青山小学读书,因其顽皮好打架,性格倔强不服输的缘故,同学送他一个"打架王东条"的外号。这件事被东条英教知道后,便对其严加管教。东条英机慑于父威,不得不有所收敛。后随家庭搬迁入贵族学校,当时学校奢靡成风,同学之间互相攀比,行必有车,食必珍馐。东条英教认为这样无益于孩子的成长,而应当培养其吃苦耐劳精神。为此,他规定儿子每天带着盒饭徒步上下学。这在当时对于贵族子弟来讲简直不可思议,而东条英机对此也很不满,常常抵触,后见其父无意更改,只得顺意遵从。东条英教为了使儿子继承武士家族传统与武士道精神,专门为儿子聘请了日比野雷凤氏为老师,传授东条英机"神刀流剑舞",以养成"杀身成仁效忠天皇"的思想。令冬条英教颇为意外的是,儿子竟然

对此很感兴趣，每天都勤学苦练，很快就运用自如，还经常在人前进行表演。自小受父亲的熏陶，东条英机充满了对战场的向往。他也渴望像父亲一样建功立业，做天皇陛下的御盾。在东条英机出生那时候的年代，刚好是日本自由民主气氛日益消退的时期。这样的年代，恰好给了军国主义一个良好的生存发展空间。少年时期的东条英机，大概不会记得故乡岩手县是个什么样的地方，因为在他出生后不久，父亲就带着他们一家迁往了东京。小小的东条在父亲东条英教的熏陶下，侵略扩张的军国主义思想就早早的埋藏在他的灵魂深处。富士山上的雪景依旧如往常一样美丽。在日光下，它美的安静、美的怡人。只是山脚下烂漫的樱花，随着季节的变化，年复一年的盛开与凋落。到了赏花的季节，人们都席地而坐，看着道路两旁烂漫的樱花，心情也随之美丽起来。但是这些年，日本的生活并不安静，即使是在樱花树下，也能嗅得到战火的味道。战争的硝烟在空气中，也在人们心里。毁灭这一切美好的罪魁祸首就是军国主义。

军国主义思想像一颗埋在深土中的种子，在东条英机灵魂的土壤中，虽然还未见阳光，但却在极力的适应，并汲取营养，以待生长的季节一到，它便会奋力地拱出地面。不论覆盖在它上面的是岩石还是泥土，也不论土壤外的世界是光明还是黑暗，是水波不兴还是狂风暴雨，它都会用尽它全身的力气破土而出，崭露头角。

父亲长期在外，只有母亲德永千岁一个人带着他生活。太阳还未曾照耀到东京这块土地上，母亲就已早早起床。一天的时间里，洗衣做饭，她总是忙个不停。终于挨到了晚上，太阳早已西沉，可是母亲依然在忙碌。昏暗的灯光下，母亲在织布。艰辛的岁月里，母亲总是一个人扛起所有的事情。

在东条英机的心里，母亲是一个非常严谨又十分坚韧的一个人。他像尊重父亲一样尊重母亲。因此，母亲的每一句话他都会铭记于心。家事繁多,母亲从不向他们抱怨。看到母亲身形日渐消瘦,东条希望自己能尽快成长,这样他就可以替母亲分担一部分劳动。

记得有一年冬天,父亲不在家,周围的小朋友都去上学了,东条没有了玩伴,就一直在睡觉。待东条起床,推开门一看,母亲正在洗衣服,那些衣服在木盆里堆成了一座小山,母亲一件件地洗着,远远的,东条把目光聚集在母亲那双已经冻红了的手上。东条知道手被冻红了是什么样的滋味。因为就在昨天他和邻居小朋友出去玩耍之后,回到家时,母亲见自己的手冻红了,就领着东条来到厨房,从锅里盛出一小盆热水,之后又兑了些凉水,让东条把手放进去。

一瞬间,不只是手,好像自己的心都变得暖洋洋的。外面是寒冬,虽然还有碎雪在寒风中打着转转,但是东条觉得这个屋子因为有这一小盆热水、因为有母亲在,而温暖如春,好像所有的冰雪都在一瞬间融化了。东条一直想帮助母亲做些什么,现在正是一个合适的机会。于是他踮起脚尖,向锅里望去,发现没有水了,转身走向母亲,伸手要帮母亲拧水。

看到那双稚嫩的小手向她伸了过来,千岁热泪盈眶。为了不让孩子看到,她仰了一下头,然后低头对东条说:"英机,谢谢你! 你现在还小,洗衣服的事是妈妈的事,妈妈自己来做。等你上学了,像邻居小朋友一般大了,你就要学会自己洗衣服了。"东条似懂非懂的看了看母亲,又点了点头,还是执拗的将手伸了过去。只是他没有去拧衣服,而是拉住了千岁那双冻红的手。原来,他想用自己手掌中微弱的温度,来驱走母亲手上的寒冷。

那一刻,千岁红的不只是手,还有眼圈,东条已经听懂了母亲的话,就在那一刻,他发觉自己的力量还不够,东条盼望着自己能够快快长大,结结实实长大。那年冬天显得特别漫长,大概是因为夜太长的缘故吧。东条总是待在家里把玩一把木质的武士刀,不然就到窗前或门口去看过往的人群。

人们在冬天里,总是少出门。在家的东条英机常常能看到哥哥姐姐带着自己的弟弟妹妹,背着书包去上学。东条以前也曾跟着母亲到过学校的门口,但只是朝着门里匆匆一瞥就回家了。学校里面到底是个什么样子,他也不知道。看着这些学生不畏严寒、不管阴晴、不怕地震,每天都坚持去学校,他相信学校一定有着什么好东西在吸引着人们。为了找出答案,东条去借阅了邻居家孩子的书。只是在东条的眼里,图片似乎比那些弯弯扭扭的字要好看得多,也许那时的东条认为吸引他们的,正是这些图片。于是东条几乎每天都在等邻居家孩子放学,期待着有新图片出现。

花开花落,春去秋来,东条终于到了上学的年纪,母亲早早地把他送到了学校。刚刚到了东京四谷小学,东条英机就发现在学校最显眼的地方悬挂着父亲告诉他的天皇的"御像"。他看到老师和同学走过那里时,都会恭恭敬敬的敬礼,这一幕让东条英机小小的心灵有些震颤。作为东条家的一员,作为军人的后代,从小深受父亲的教诲,东条突然像个小大人似的走到天皇的御像前,学着父亲的样子,敬了个礼。然后转身走向班级。

进了班级,东条英机发现,原来学校和自己想象的不一样。这么多同龄人在一起,东条英机觉得自己既不是最好的,但也不是最差的。让东条稍感意外的是,学校里老师讲的不是那些他期待已久的新图片,而是文字。令东条印象最为深刻的是第一天的课堂,每一个老师都向他们讲述要绝对效忠于天皇。

东条英机从小就看见父亲对天皇毕恭毕敬。因此,在他的意识和概念里,天皇是神圣的,不可亵渎的。而天皇究竟神圣到什么程度,他到了学校之后,才渐渐有所了解。

在学校里,东条英机认识了很多同伴和朋友,也是在学校里,他接触到了什么是国家,什么是天皇。在日本,天皇是神,是大和民族的主宰。作为军阀世家的后代,东条英机很快就深刻地领悟了天皇的权威,并极早地下定自己终生效忠天皇的决心!

记得入学后不久,东条就参加了学校的集体活动。活动中,只见校长衣冠整洁地站在台上,手上的那一副白手套格外显眼。不一会就听校长恭敬地朗读《教育敕语》。

台下的师生毕恭毕敬地听校长的朗读。整个学校犹如一个整体,满耳里只有校长的声音,人们的呼吸声与之相和,在场的每一个人都非常专注。作为大和民族的一份子,东条英机此时此刻感受到的只有庄严、肃敬。父亲曾经很认真地给他讲过《教育敕语》,只是那时的他,对《教育敕语》的含义与精髓还未曾领悟。他多么想像父亲一样成为一个效忠天皇、对国家有用的人。

放学后,东条带着亢奋的心情回到家中,恰巧父亲这时也在家。这是开学以来,父子俩的第一次见面。东条英机兴致勃勃地向父亲讲述了今天校长朗读《教育敕语》时的场景。东条英教听儿子讲完后,非常严肃地说:"英机,你作为效忠天皇的臣民,作为东条家族的后代,要做一名勇猛向上的武士。在战场上,如果没有智慧,没有胆量,没有强健的体魄,你随时都会送命。如果你是为效忠天皇而死,那是光荣的!如果你是为了东条家族的荣誉而死,你也是光荣的!如果你是在冲锋的战场上而死,你更是光荣的!但是,如果你还没有拿起刀枪就已没命、如果你因为没有胆量和勇气而死,那么你就是耻辱的!"

"父亲,请您放心!我一定会效忠天皇,成为对天皇有用的人,也一定会成为东条家族的骄傲!"东条英机信心满满地说。

听闻此话,只见东条英教点点头,满意地抿了抿嘴。

天气已经变暖,窗外的绿色覆盖了整个世界。路面随着地势而延伸起

伏,东京俨然成为大自然的杰作。得到了父亲的肯定与认可,让东条英机兴奋不已。在父亲的允许下,他可以出去游玩一会。

走在路上,他听到了藏在浓密树林里的鸟儿的叫声。那清脆的叫声,像是在为他那美丽的心情而歌唱。就连路边的蛙鸣,也变得动听了,似乎是在和着东条的节奏,"咕呱——咕呱——"地为他喝彩。东条走着走着,来到了一座小桥之上。看了看远处映红了天空的落日,又看了看近处明亮了整面湖水的晚霞,东条英机的心情大好。一阵风吹来,夹杂着树木和流水的味道,东条英机深深呼吸,然后伸出手,感受着风,享受着大自然的美好。快乐的时光显得很短暂,天空渐渐地黑了,东条转身朝着家的方向走去。他相信,明天一定是个晴天。

父亲的殷殷期望,东条英机早已感受到。他听母亲说过之前的两个哥哥都因病而夭折,作为家中的长子,父亲对他寄予厚望。只是随着时间的推移,父亲疼爱东条英机的方式越来越特别。

一天,在校园里,东条英机和同学起了争执,因为话不投机而大打出手,你一拳,我一脚,后来扭打在一起。然而因为对方比他高大强壮,东条英机在这次"战斗"中败北。这让东条十分沮丧,觉得自己很丢脸。

回到家中,东条英机尽量掩饰自己的打斗痕迹,但是这又怎么能瞒得了父亲的眼睛呢?此时的千岁选择了暂时默不作声。儿子吃了败仗,父亲在战场的捷报早已散播开来。东条英机面对父亲只是低头不语。东条英教对英机安慰道:"战场上不会有永远的胜利者。不要因为一时的失败而气馁。"

"是!"东条点头应道。

严肃的表情挂在了东条英教的脸上,他说:"终日在战场上,每一名武士,从未想过大日本会失败。英机,你现在已经是一名男子汉了,必须要有日本的武士道精神。只有这样你才可以被认可为东条家的后代。在你日后

的成长道路上,会有许多不同的坎坷和困难在等着你,同样也有数之不尽的任务和理想等着你去完成和实现。你的人生绝对不是灰色的,而是由你自己大脑和行动共同支配和描绘而出的锦绣山河。""是!"

"倘若你在今天就停止了脚步,那么昨天你所做的一切都将化作乌有。蛇在蜕皮的时候,也十分痛苦,没有同类去帮助它,也没有人类去帮助它,甚至它在蜕皮的时候是他最危险的时候,但它绝不会因此而放弃自己的成长,因为它知道一旦它蜕皮成功,那就说明它的身体又成长了,也说明它可以去吞食更加庞大的猎物了!能够变得更加强壮而勇猛无敌!"东条英教又说。

"是!"东条的眼神变得坚定。

"是的,父亲,我完全可以一个人去面对所有困难!"东条英机坚定地回答到。

吃过了晚饭,东条心事重重地出门了。东条英教并没有阻拦。走着走着,东条又走到了小桥上。

站在桥上,又是一轮远去的落日,可是东条这次感受到的却是阳光的力量,他低头看了看河水,河水上的微波在余晖的闪耀下,灿若星河。忽然水面上划出一道道箭形的水纹,东条猜想那一定是一条逆流而上的小鱼,看着看着,自己竟不自觉地绕到了桥的下面。

他很少到桥的下面来,那里总是让人感觉阴冷,即使是在阳光充裕的时候,桥下面也是阴凉一片。阳光照不到的地方,水总是那么凉,颜色也总是那么黑,那水好像是被阳光切开的一样,一面是透明的,一面是黑暗的。可是流水却始终未曾停步,一直在流淌。

这时又有一条小鱼逆流上游,东条奋力捕捉它的影子,这使他想起远在海的另一端的父亲。

一次父亲带他去海边游玩,兴致很高的东条,不满足于仅仅在岸边捡拾小贝壳,他想知道那更为广阔的大海是什么样子的,于是父亲领着他赤脚在海水的边缘行走。

天空晴朗,远远望去,海水和天空一样澄清湛蓝。阳光照在软软的沙滩上,给人一种空旷慵懒的感觉。海水没到了膝盖,一阵海浪过来,挽起的裤腿也被打湿了。随着海水深度的增加,前进的难度越来越大。虽然有疲劳感,但是与海水"亲密接触"的感觉还是让人感到很快乐。

正走着,他发现在海水里有一种几乎透明的鱼。它们身形很小,有一个长长的嘴巴。东条觉得完全可以将它捧在自己的手心里。于是他伸手去捕,可那小鱼滑溜地躲开了双手。他感到诧异,因为刚刚它还呆呆地随着海浪的起伏而漂动,现在怎么就游走了?他没有气馁,继续在海水里向前追去。

终于,那条小鱼被他抓到,在他的手中来回游动。他兴奋地举起双手,小心翼翼地捧到父亲面前,想让父亲和他一起分享这成功的喜悦。只是父亲没有他想象中那么高兴,告诉他在这茫茫无际的大海中还有数以万计的鱼类,而他抓到的这条小鱼和海中的其他的生物比起来,就像是一粒沙子和整个岛相比一样。父亲看着他,说道:"海水既可以滋养你手中这样的小鱼,也可以容纳奇硕无比的鲸鱼。大海中的生物和陆地上的人类一样,都有各自的生存法则。"

父亲看着他手中的鱼,继续说:"这样大小的鱼,注定是要被大鱼作为食物吞噬,所以它的命运注定是悲剧。也许现在你年纪小,你可以以抓到它为目标,但是到了明天,到了下一次,你就要将目标放在更大的鱼上。"听完父亲的话,年幼的东条朝海的深处望去,他思索了片刻,继而向海里走去。父亲看到儿子的表现,忙将其拉回。他没有想到,儿子竟然立刻就去寻找下一个更大的目标,并且毫无畏惧。东条看到父亲脸上的苦笑,一时间还无法

理解这其中的深意。

"嘭"的一声，水花四溅。东条英机只觉得脸上一阵冰凉，一下子回过神来。原来是一颗石子落水，东条抬头向桥上望去，没能看到人影，他想大概是和他一样调皮的孩子在恶作剧吧。

父亲的样子再次浮现在东条英机的脑海，这让他浑身充满力量，此刻，他觉得父亲是他的骄傲，他下定决心一定要成为比父亲更加优秀的军人。现在他明白了：人类和鱼是一样的，只是生存的空间环境不同罢了，无论身处何处，适者生存才是不变的道理。如果对方强大，而自己不够强大，那么，自己注定将沦为鱼肉，对方为刀俎。

在此后的日子里，东条英机十分注意锻炼身体，除了每天按父亲的要求徒步上学之外，他还常常通过其他方式锻炼自己。至于其他方式到底是什么，当然包括打架，而且越打越出名。

他的父亲特意请人教授东条英机"神刀流剑舞"。第一次看到老师练习"神刀流剑舞"，东条英机简直不敢相信自己的眼睛，深深地被其散发的魅力所吸引，每一招一式都激发着他的斗志，充满"气魄"的剑舞仿佛直啸云端，不可阻挡，东条的手里痒痒的，手腕不自觉地随着老师的动作动起来。父亲看到儿子看得全神贯注，欣慰地笑了笑，他仿佛看到了东条未来的路，觉得儿子一定有机会成为他所期望的那种为天皇效力，可以"杀身成仁"的合格的武士。这套剑舞一直陪着东条英机走过学校的汇演、集会等，常常为他赢来众人的欢呼与喝彩。即使是后来他当上了将军，这套剑舞也依旧是他威武精神的外露。

平日里，东条英机十分贪玩，但是练习剑舞的时间绝对不会因此减少。因为他喜欢它、热衷于它。东条的刻苦努力和飞快有进步速度得到了老师的认可和父亲的赞赏，这让他更加努力地练习剑舞，但这样做的代价就是

他的学业彻底荒废了。自从学了一些武术后,东条在外边打架的频率越来越高,这让东条英机早早的就成为了"知名人士"。

虽然他的个子不高,但是身手却很敏捷,勇气十足,在所有的"战斗"中,他从来没有表现过畏惧。而之所以如此,是因为东条英机深信:只要不放弃,有坚定的信念,就已经取得了胜利。一个个"战绩"书写在他少年成长的历程上,在城北中学时,他"荣获"了"打架王东条"的绰号。这也给他的父母带来了不少的麻烦,因为东条爱打架,每次惹了祸后,母亲千岁都要去学校,不是道歉、就是被指责。母亲回来也曾警告过他,可是也许是东条天生的武士精神,让他从不认输。就这样,东条英机的名字越来越响亮,也越来越让他的父母头疼。若干年后,他的小学院校长回忆过往时对他的印象就是成绩不是非常好,但是性格上来讲可以排名第一。

时光荏苒,1899 年东条英机 16 岁了,已经从城北中学毕业。从小就立志要成为像父亲一样效忠天皇的有用之材的他,终于有机会向自己的理想迈出一步。

转眼到了开学的日子,这一天天空晴朗,风和日丽。时至秋季,美丽的岛国处处散发着迷人的风采。战争中的日本需要越来越多的将士,这一天,正是一批新的军队学子走入校园的时候。只见东京陆军地方幼年学校正举行热烈的迎接新生的仪式,而东条英机也是这一批学子中的一员。他们是学校招收的第三期学员。也正是在这一天,东条英机迈向了他军旅生涯的第一步。

进入校园之后,东条英机为了尽早实现成为一名合格军人的目标,无论是课上还是课余,他都严于律己。能够进入该校的学生,大都具有雄厚的背景和实力。因为这所学校是迈向日本陆军士官学校的必经之路。

在校期间,东条英机仍遵循着父亲的训示:每日徒步上学,而且带着木

质的餐盒去学校。也正是在父亲的良苦用心下，东条英机才有现在这般结实的身体。

校园里，学生众多。这里的学生不但出类拔萃，教员更是军界中的"名人"。东条英机认为这里就是他梦寐以求的地方，是实现理想的阶梯。他对此处有似曾相识之感，就像水稻要生活在水田，仙人掌要生活在沙漠里一样，东条英机找到了适合自己的路道，每一天，他都感到周身充满力量，期待着自己为天皇效命的那一天早日来临。

为了扩张军事实力，日本政府很早就在国内推行少年军事教育。在日本本土，各地纷纷建立一些地方军校。正是这些军校为军队培训输送了大量的军事指挥人员。东条英机所在的东京陆军地方幼年学校，就是在这一时期组建而成的。除此之外，在仙台、大阪、名古屋、广岛还有熊本都建立了陆军地方幼年学校。各校招生名额都是 50 人。16 岁的东条英机作为这一期学生的五十分之一，即将在此展开为期三年的学习之旅。

当时的地方陆军幼年学校，尽管在校园内的这群学生才十六、七岁，但学习和生活起居完全按照正规军队的要求来进行。每天的 24 个小时都被安排得满满的，生活井然有序。早上五点起，军号吹响，接下来，起床、点名、早饭，都在军号中进行。上午是学习文化课的时间，下午是"训育"课，柔道、剑术、军事科学、军事教练等等，晚上 9 点整熄灯，一天的生活就又在军号中结束。这群孩子常常要徒步行军，还有各种各样的演习，连伙食都是限量的，俨然军队一样的生活。

穿上了军装，东条已经逐步向梦想靠近。生活在军校里的东条英机，依旧对学习不是很感兴趣。东条英机的心灵深处已经是满满的"大和魂"，武士道的教育让他坚定地认为军人最主要的是要有强健的体魄，这样才能让自己纵横战场。

16 岁的东条英机，正值青春年少，血气方刚。一心视父亲东条英教为楷模的东条英机，骨子里一直渴望自己能够成为像父亲一样拥有"赫赫战功"的军人。可是还未等走上真正的战场，东条英机就已经经常被老师训斥。主要是因为他在课堂之上的表现远不如他在打架时的表现。

虽然这时的他个头不够出众，但是他有强壮的身体和敏捷的动作，因此他在校园内是出类拔萃的。他个子矮、重心低，反而成了与对手较量时的优势。就这样过了一年，即使是已经升入了军校，"打架王东条"还是"享誉盛名"。

寒暑交更，四季轮回，转眼间东条英机已经升入二年级了，而他的父亲无论何等煞费苦心地想让东条学习，都无济于事。但是事情往往就是这样，这一天发生了一件事，而这件事也成为了东条英机一次认识上的转折点。

这一天，他还和往常一样，走在校园里。此时的东条，不论走到哪里，都有人能把他认出来。正所谓"树大招风"，东条英机的个子虽然不高，但是他的名声却不小。

突然有一天，东条和七、八个同学起了争执，好斗的东条就和他们大打出手。单打独斗时，东条可以略占优势，常言道："双拳难敌四手"，更何况现在是他一个人对付七、八个人，实在是寡不敌众。这些在军校里的学生都年轻气盛，东条越是倔强，他们愤怒的火焰就越高。

只见被打倒在地的东条，还未反应过来，背部就被踢了一脚，随后肩膀又被人狠狠地踩了下去，腿被重重地踹。这些人早就看不惯东条英机的"做派"，现在的东条终于处于劣势，这些人越打越出气。

东条英机只觉得头部有热血在流淌，正顺着他拳头的缝隙，一点点滴在地上。东条英机的拳头越攥越紧，虽然他的身体蜷缩着，但是他想站起身来，与他们抗争到底，只是那几个同学没有给他任何起身的机会。直至东条

二战浪漫曲

不作任何反抗,那几个人才嬉笑谩骂着停止了打斗。就在众人都以为事情就这样结束的时候,突然,东条的后背又被踹了一脚,一个声音警告他:"以后注意点!"说完,这些人扬长而去。

被打的东条英机没有马上起身,他不怕流血,也不怕疼,但那一瞬间他闭了一下眼睛。他不是惧怕看到自己狼狈的样子,而是回味着那几个人的声音,"你不是很厉害么!""你不是打架王么!""我看你能怎么样?""站起来和我们打啊!打架王东条君!"东条一边放松自己的身体,一边伸手抹去自己能感觉得到的血迹。

周围有多少人在围观,他自己也不知道。慢慢地睁开眼,看到自己满身的灰尘和脚印,衣服的扣子还掉了一个,忍不住想到:还真是狼狈啊!

缓缓地坐起身来,他尝试着用手去支撑身体,想站起来。结果,胳膊和腿都疼得要命,像是肌肉与肌肉之间夹着一把利刃,疼痛难忍。曾经对他望而生畏的人,如今却都在对他冷眼相看。此时的东条希望季节马上就变成冬天,希望厚厚的积雪将自己彻底埋起来,那样才不会感到如此耻辱。如果是寒冷的冬天,那么凛冽的寒风可以让他忘却身上的疼痛。东条想着想着,忽然眼睛一亮,"是啊,如果是冬天,那么春天也就在眼前了!"

发现自己起不来,东条干脆翻过身,跪在地上,然后拼尽全身力气,摇摇晃晃地站起。看着地上摇晃的影子,东条英机的脑袋一下子茅塞顿开:"我的力气再大,一个人也只能对付一个敌人。要想一个人去战胜众多的敌人,那么可依靠的只有学问。"此时此刻东条深刻地认识到了智谋与武力充分搭配,才能赢得最大的胜利,甚至达到"不战而屈人之兵"的效果。

扑了扑身上的土,抖了抖外套,东条决定忘记身上的疼痛,选择另一种方式前进,那就是要努力学习,用知识武装自己。好像季节的更替就在一瞬间发生一样,东条睁开眼睛时,他再也感受不到之前的耻辱,相反,觉得自

己仿佛已重生,此时此刻,包围着身体的已然是生机盎然的春天。

17岁的东条英机在一夜之间发生了巨大的变化。老师、同学,以及一直为他惆怅不已的父母都发现,东条真的变了。课堂上,他专心听讲、仔细作笔记,甚至连最不爱学的绘画,他都能认真补习。玩伴们一起玩耍的活动,他参加得越来越少。在他的眼里和心里,都是需要认真吸收的知识和技能。

可是校园里总有那么一些人,似乎天生就爱与人作对,看到东条的转变和努力,他们表示出了极大的不满,东条再次成为了"众矢之的"。这些人时不时地对他鸡蛋里挑骨头,而东条则放下了"打架王"的气势,从不主动滋事,甚至怀着息事宁人的心态。面对他人一次次挑衅,东条均不予理会;有时被打倒了,他就再站起来,继续走自己的路。

像小时候对父亲的承诺一样,他要一个人面对所有的困难。这些"干扰"成就了东条英机坚韧不服输的性格。直线上升的成绩终于让东条赢得了胜利,也赢来了众人对他的认可。

东条英机用他超强的自制力,完成了东京陆军地方幼年学校的课程,并顺利地升入陆军中央幼年学校。

1902年,风华正茂的东条英机意气风发,进入陆军中央幼年学校之后,接受了各项刻苦的锻炼。校园里每一天的军事训练、马术训练、实弹演习等课程都是按照战时教育方针进行的,每一天,东条都在疲惫和紧张中度过。

自幼受家庭环境的熏陶,加之学校教官的军国主义思想灌输,使得东条英机的思想在军国主义侵略的道路上越走越远。为了培养军官早日"有所作为",日本政府缩短了在校学生的学制,同时加紧了教育和训练。

三个月后,东条英机从中央幼年学校毕业。在这四年多的时间里,受学校教育和"英雄"的影响,军国主义侵略的思想已经彻底刻在东条的心里。

从中央幼年学校毕业后,东条英机就进入了陆军士官学校,成为了该校的第十七期学生。

日本陆军士官在明治维新期间,奉行"强兵为富国之本"的国策。明治政府认为,优秀的将领需要先通过学习,然后才能到战场上进行磨练。在这样的思想指导下,陆军士官学校应运而生。当时建立学校的目的就是为培养效忠天皇陛下的忠诚军官。在校期间,他们要认真完成对战术学、战争史、射击学、交通学、航空学、教育学、军队教育、外国语等多门课程的学习。只有这样才能以毕业生的身份走出学校。这些头脑中装满军国主义思想的骨干成员们,通过接受科学严谨的教学,拥有了较高的战斗素养和文化水平,成为日本帝国主义在侵略过程中的得力工具。

这所学校在成立之初就聘请了法国陆军教官团来到日本执教,以后的日子里,邀请到德国的麦克尔少校对学员进行军事训练。至此,该校的军事训练体制开始向德式转变。至1945年学校被撤销,共招收了60多期学员,培养军官数万名,其中有6人曾担任内阁首相。

在这里,东条英机虽然只学习了10个月的时间,但是他和所有的学生一样接受了十分严格的训练。寒风凛冽,没有月亮的夜晚,寒气更是瞬间透骨,可是这里的学生被要求穿着薄衫,顶着寒风在户外伫立;到了炎炎夏日,酷暑难耐,他们却要全副武装,有时还会加重负荷,在烈日下整齐操练。也正是这样的苦练,使他们对军国主义侵略的信念更加坚定。

生活在校园中的东条英机,此时以那些在战场征战的将军为榜样。认为正是他们的武士道精神和对天皇的效忠,使得大日本帝国的扩张得以顺利、飞速地进行着。虽然这个时候的东条英机还没有毕业,但是他的心早已飞到了战场上。他日日盼望着学业早点结束,天天留意着战场上的种种信息。他狂想着未来自己在战场上的表现,他想象着自己建立了超越他父亲的功勋,成为一名天皇信赖的大将。他像是一只囚禁在牢笼中的猛虎,目光

死死地锁住战场,只待牢笼打开的瞬间,一切都会因他的存在而发生巨大变化。

理想越来越接近现实,东条英机在陆军士官学校的学习、训练生活终于结束了。如果不是发生战争,东条英机和他的陆军士官学校的同学们应当从幼校毕业后先当半年的随队候补生,还要进入学校进行为期一年的进修,之后半年时间是军官见习期,这样才能达到少尉军衔的授予标准。然而东条英机和他的300多名同期学员只接受了10个月的学习就被提前授予陆军步兵少尉军衔。

长久以来的军校生活,早已让他们习惯了战场上硝烟的味道,也早已不惧怕死亡。饱受军国主义思想教育的他们,满心是冲上战场,为天皇、为大日本帝国效力的强烈欲望。

随着陆军士官学校对他们的最后一次军国主义思想灌输的结束,学生们将身着少尉军装,腰佩长剑,迈出校门口,走向帝国需要他们的战场。

步出校门的东条英机很快就到了适婚的年龄。1909年春天,东条英机娶了伊藤胜子做妻子,结婚后,胜子改名为东条胜子。她先后同东条英机生养了七个孩子。从此,终日缠绕在东条身边的都是一些家庭琐事,不论东条英机的心里多么"按捺不住",他也只能这样平庸的过日子。曾经的军国主义、曾经的"雄心壮志"早已深深的烙印在东条英机的每个细胞中,曾经以为已然接近了自己的理想,而今却令自己大失所望,平淡如水的生活让他饱尝"煎熬"。

时间就这样不紧不慢地度过了3年。这天,东条英机正在户外散步,走着走着,看到前面的树上,枝头一颤,一只大鹰张开翅膀飞向空中。东条英机抬头看见那鹰在空中盘桓一阵后,飞向远方。东条内心的"煎熬"已经到了边缘的地步了。就在这时,传来消息,经推荐,他被保送进日本陆军大学学习。对于东条来说,这真是一件激动人心的事情。在之后的日子里,东条在学校进一步提高了军事素养。

1915 年,东条英机从陆军大学毕业,顺利得到陆军大尉的军衔。这三年的时间里,他像是被晒干了的海绵遇到了水,拼命地吸收着军国主义侵略的思想。

由于在校期间的"良好表现",他作为精英分子被安排到陆军省实习。1920 年,东条英机被外放德国任日本驻德大使馆的武官。也是在这里,东条英机得到了新的机遇。正是从这一机遇开始,才有了后来的"剃刀将军"东条英机。时光匆匆,转眼间东条已经从岛国日本来到了德国柏林。而接下来,他将在德国认真完成使命,为天皇效力。东条英机相信,只要付出努力,认真工作,就一定能够在帝国"有所建树"。

就在此时,裕仁皇太子千里迢迢来到欧洲,接见了停留在欧洲多地的日本武官,通过载仁亲王引荐,这一行青年军官,帮助皇太子铲除异己,宣誓尽忠。

转眼间,时间就来到了 1921 年。十月的柏林,天空清澈,天际的一角,飘浮着几朵棉花团一样的白云,看上去轻轻的、暖暖的。柏林城在秋风的包围中,露出点点凉意。秋风顺着楼宇之间的空隙流淌,日本驻德国使馆的门口也凉意阵阵。没多久,从使馆中走出一个头戴黑帽,身着黑衣的人,他的个子不高,在高大的德国人中,那个人既特别,又不太引人注目。只见他疾步如飞,向德国西南部的黑森林方向走去。

在德国有一座优雅的城市——巴登巴登市。那里群山起伏,还有流水潺潺,四下里的绿草鲜花,让整个城市即使是在秋天,也优雅、浪漫不已。

突然从使馆出来的那个人出现在巴登巴登温泉的边上,只听有人说:"东条君,你来啦!"就见那人褪去衣帽,正是东条英机。再一看周围,永田铁

山、冈村宁次等人都在。当时的永田铁山少佐是陆军大学的23期学员,当时是日本驻俄国武官,小畑敏四郎少佐在陆军大学和永田铁山是同一届毕业生,当时驻留在瑞士,这些人是奉命到欧洲获取一战的相关情报的,调查完成之后,便三五成群来到巴登巴登享受泡温泉的惬意。这些人聚集在一起商讨了日本现今国内外的军事、政治形势。来到会上的众多少壮派军官,包括东条英机在内,他们都有着侵略扩张的思想,几个人聊起国家大事,想法越说越契合。

第一次世界大战让这些几近不惑之年的野心家们体会到了一个词的力量,那就是——杀戮。战场之上,没有了礼仪,没有了同情,没有了情谊,有的只是那些重武器,不论是随时都可盘桓在空中的飞机,还是横扫地面一切障碍的坦克,以至于那些杀人无需枪炮的毒气,通通都融入到了战争当中。只要有人的地方就有战场。深受军国主义思想教育的他们,更加笃定的认为大日本帝国的未来,一定要侵略、要扩张。

第一次世界大战虽然结束了,但战争的火焰早晚还会再度燃烧。到那时,日本的路要怎么走? 说着说着,这些自认为是大日本帝国未来的年轻军官们就约定好,并拟好了计划大纲:当再次回到日本后,要齐心协力,更新人事,一切转为战时体制,铲除元老势力,改革军制,力争做到军事为主,政治为辅,这样才能让大日本帝国大踏步扩张。而这次聚会就是"巴登巴登密约"。

这次的巴登巴登密约体现了现代日本军国主义思想,因为他们的整个想法和计划中都没有提及天皇,都是想要通过自己的手直接执行,后来被称作法西斯"统制派"的主要力量。然而还存在另一派就是"皇道派",他们主张政策和决定首先要通过天皇的亲政,然后方能执行。东条英机正是在这两个派别争斗的恶浪中,一步步滑向了事业的高峰。

二战演漫曲

在德国,东条英机出色的完成了他的任务之后,于1922年初冬返回日本。回到日本后的东条英机,受命担任他的母校陆军大学的教官。正是在这里,东条英机成长为一名真正的军人。如今他再次返校,以一名教师的身份对学生进行教导。如同他曾经深受老师的影响一样,也将有无数的学生因受他的影响而成长。课堂之上,他是一名严师,除了向学生积极灌输军国主义思想之外,他在授课时严肃而苛刻,但是他却赢得了众多学生的青睐。做事喜欢干净利落,喜欢"快刀斩乱麻",仿佛在东条英机的身边没有什么是解决不了的事,更不存在繁冗拖欠的事情。这使得校园内的师生对东条的行事风格钦佩不已,久而久之,东条英机赢得了众人的认可。正是由于他在陆军大学期间的出色表现,使得东条英机工作不满两年就被授予陆军中佐军衔。

不只是在陆军大学的校园内,在校园之外东条英机也是独当一面。1923年就开始执行起了巴登巴登密约。由于参与巴登巴登密约的仅仅是4个少佐,力量尚小。所以,刚一回国,他们就把土肥原贤二、河本大作、板垣征四郎等人召集在一起,共同组建了"二叶会"。之后,他们定期聚会,共商大事。受这些人的影响,就在同一年,一些主张侵略独裁的组织——"木曜会"在一批比他们还要年轻的军官中建立。

1928年3月,随着军部人事调动的进一步展开,东条英机获得人生中的难得机遇,被调往陆军任职,成为整备局动员课长。此时此刻,日军上下对外侵略扩张的势头正强劲,而且大有愈演愈烈的局势。后来,日本进行侵略的时候,日本内部的矛盾激化,并不是外界想象得那么太平。1934年3月,东条英机被调至陆军士官学校,之后又调到了步兵第二十四旅团任职。就在东条英机任职后不久,东京城发生了一系列的内部争斗。

矛盾是恒久存在的,内部矛盾也是一样。随着日本军队越来越走向法

西斯化,军队内部"皇道派"和"统制派"之间的相互斗争和倾轧也越来越白热化。十一月"皇道派"策划的军事政变被揭发,不少"皇道派"的人员都收到了处分。几经磨合、争斗,"皇道派"渐渐处于劣势,"统制派"占了上风。到1935年1月"统制派"林铣十郎接任皇道派荒木贞夫的职位,出任陆相。刚刚上任半年,林铣十郎就在人事上做了一次重要的调动:他将"皇道派"的核心人物真崎甚三郎陆军教育总监的职务调整至军事参议官。从一个手握实权的职位转调为一个荣誉职位,这使得两派之间的矛盾更加激化。同时一批皇道派的军官都被转至预备役或其他岗位,这样使得整个陆军之内"统制派"占据了绝对的主导权。

人有时候都像弹簧一样,你施与的压力越大,它所对应的弹力就越大,往往是你强它就弱,你若它就强。但是如果压力过大,那么弹簧势必要崩溃。被调岗后的"皇道派"倍受压力,认为他们一连串的变动都是在永田铁山的策划下才被林铣十郎执行的。于是他们决定反击。

7月19日,皇道派代表人物之一相泽三郎中佐,从福山出发,舟车劳顿,终于抵达东京。他此行专程去拜访永田铁山,二人见面后,相泽开门见山,提出请永田铁山交出陆军军务局长一职的要求,却只得到永田铁山绝决的回答,因此相泽不得不返回福山。

当相泽返回到福山,心中愤怒不已。很快"皇道派"的人大都知道了这件事。于是相泽邀请了几位"同道"友人,摆上了清酒和鱼片。几个人盘腿定坐在蒲团之上,一面听着相泽愤怒的声音,一面不停地点头表示赞同和愤慨。大概是清酒的缘故,说着说着,相泽拍案怒斥,竟张口大骂起来。再看那桌上的酒瓶摇摇晃晃,欲倒未倒,被人扶了一下,就又安稳地站在了酒桌之上。几个人劝了劝愤怒的相泽,之后哼起了琵琶乐,相泽等人的愤怒之情稍有缓解。这时有人拿起了三弦伴奏,一群人又都改哼民谣,心情

二战浪漫曲

都缓解不少。

此时，就听有人在门外请示，相泽等人停了乐声，"进来！"相泽带着醉酒的气息说道。

一个士兵拉门而入，说有调令。相泽三郎一听，心里"咯"的一下子，急忙让士兵念。那士兵打开调令一看，犹豫了半天，只是微微地张着嘴，几次想发出声音，都没能念出声音来。

相泽三郎催促到："快念！"只听士兵埋首念道："相泽三郎……派往台湾步兵第一联队……"没等士兵念完，相泽起身两步踱到士兵身前，伸手抢过调令，颤抖地看一遍，把纸攥成一团，愤怒地回身掀了酒桌。只听见"哗啦！"酒洒瓶碎。相泽三郎已经怒不可遏，他狠狠地攥着拳头，圆目怒视，死死地盯着刀架上的武士刀。

很快，东京城出现了一场悲剧。8 月 12 日那天，相泽三郎一个人佩戴军刀，强行闯入了永田铁山设在陆军省的办公室，未等永田铁山作出有意义的反抗，就已经惨死在相泽三郎的刀下。

高官被刺杀，总是有更多的人去关注。永田铁山被杀的消息在日本传了开来，连裕仁天皇都为之震惊。马上下令调查事件详情，并为永田铁山举行了隆重的葬礼。

相泽三郎在"皇道派"的保护下并没有受到处罚，"统制派"损失惨重，这让两派的斗争愈演愈烈。随后陆相林铣十郎离职，人事再度发生变动，东条英机被派至司令部任了一个闲职。后来，东条英机很快转运，渐渐参与政事，地位也一再提高。但是，德国人把他狠狠地涮了一把。

日本、德国和意大利这三个国家在 1940 年 9 月签订了《柏林公约》之后，日本军队大本营的那些战争疯子就已经开始酝酿对付美国的作战计划了，他们四处侵略，又打起了美国的主意。

在秋意浓浓的日子,日本的人民还陶醉在祥和的氛围中。东条英机也整日地忙于军中事务,现在正是他大显身手、一展才华的有利时机。而他不知道,日本现在正陷入一个尴尬的角色之中。苏联和德国,这两个大国,一直以来都争吵不停,处于对立的状态。在日本为战争做准备的时候,苏联和德国竟然出乎意料地缔结了互不侵犯条约。更为不可思议的是,德国和苏联还很有默契,两国的缔约活动皆瞒着日本。这样看来,日本就像一个小丑一样,夹在中间跳来跳去的,知情的局外人都在笑话日本的"无知"。

　　"好好的一个日本国家,被这样一个傻里傻气的将军率领,简直就是在自取灭亡。"这显然是在说东条英机。

　　虽然东条英机有些狭隘心理,但是对于他来讲,战争可是他的宏伟事业,是他人生中最为重要的一部分,类似这样的谗言对于他来讲已经显得微不足道了。东条英机整日乐此不疲地忙于战争的准备工作,他还没有意识到,被他忽略的东西却是最为重要的。或许日本对德国来讲似乎已经变得多余了,或者日本在某些方面已经妨碍了德国的战争发展进程,再或者是德国本身就是自由和独立的,这对于日德之间的同盟关系来讲是最为可怕的事情,就日本国家本身来讲,也是最为可悲的。

　　德国在适当的时候还是要对东方的这一盟友日本表示一下尊重的。在断定日本已经不会对正在进行的苏联和德国之间的秘密谈判产生任何异议的时候,德国就把这件事情小心翼翼地告知了日本。

　　东京的街头上沸腾起来了,到处都传播着这条爆炸性的消息。日本政府并没有像德国所预料的那样平静,他们认为德国的行为太过分了,这样的大事竟然会隐瞒自己的盟友。

　　"德国还将我们日本视为盟友吗? 真是岂有此理! "东条英机受到了严重的打击,他对这件事情感到十分恼火。由于此事发生之前,他们没有得到

及时的通知，也没有充分的准备，因而茫然不知所措，日本的上下出现一片混乱的状态。

《互不侵犯条约》对于日本是非常不利的。因为在此之前，德国与日本就签订了《防共协定》，目的是为了牵制住苏联。德国和苏联签订这个条约之后，德日联盟出现巨大裂缝。日本感觉自己被出卖了。

在这种形势下，日本就不得不加快战争的步伐，而东条英机也成为了日本法西斯发动太平洋战争的急先锋。

1941 年的 2 月份到 4 月份，在美国的华盛顿召开了联合参谋会议。军事代表中，除了美国、英国之外，还有加拿大、澳大利亚、新西兰等国家，主要的研究议题就是针对德国、意大利和日本的作战方案。

与此同时，日本也开始研究作战计划，在美国太平洋上的主要海军基地珍珠港成为了日本即将偷袭的目标。

早在 1940 年的年底，日美双方就一直处在矛盾之中，而且在这种情况下，双方的秘密谈判又进行了长达一年之久，直到太平洋战争爆发。日本方面的谈判内容无法被美国所接受，他们希望能够从美国输入一些军需原料。从美国的角度而言，主要推行的是欧洲第一、亚洲第二的战略，对于在大西洋上与德国作战，同时又要在太平洋上与日本作战，他们并没有太大的把握，客观上讲，美国已预算出兵力不足，主观上讲，它本身也对此种作法兴趣不大。另外，日本在御前会议上已经确定对美开战，而且时限正日益逼近。日本不再进行有诚意的谈判了。对于东条英机来讲，谈判拖了很长时间，与其在谈判桌上进行口水战，还不如到战场上一决雌雄。于是，东条英机决定，不再谈判桌上浪费时间了，他们开始实行拖延战术。其目的就是为了拖住美国，迷惑美国，给日本保留足够的时间为作战做出充分的准备。

"就军队的实力而言,目前日本还没有足够的兵力。如果打响与美国的战斗,日本并没有十足的把握,还不如保存一些实力,等更恰当的时机出现,那时,军备充足,相信必有胜算。"近卫首相说出了自己的想法。

"但是现在已经迫在眉睫,放在弩上的箭,不发射更待何时,等待自己的力气耗尽了再战,失败是必然的。至少我们现在一鼓作气,还有战胜的机会。这样的怯懦,不是我们大日本帝国的风格。"东条英机不顾对首相的尊敬,大声地喊着。

经过东条英机的努力,以他为代表的陆军法西斯势力取得了初步的胜利,发动战争的决议在御前会议上通过。

美国驻日本大使格鲁及时地收到关于该事件的详细信息之后,在最短时间内将此事告知美国的国务院。美国和英国立即组织了新加坡会议,专门研究在太平洋地区对日本的联合作战计划。除了美、英两国外,与会人员还有荷兰和印度的代表,可见美国对这次作战的准备工作考虑得是非常周详的。

为了适应战争需要,日本也出现了变动。1941 年 10 月中旬,近卫首相辞职,由东条英机组阁。组阁后的东条英机,身兼首相、陆军大臣和内务大臣三要职于一身,更令人惊讶的是,日本天皇亲自任命他为陆军大将,霎时间,他权势滔天。当时选举东条英机组阁的时候,召开了一个会议。参加会议的成员里面,也有一些人是东条英机的反对者,他们仍然坚持同美国和谈来解决问题。但是,这些人也一致通过了提名东条英机来组阁担任首相的决定。因为他们清楚,现在的日本正处在战争的边缘,战争的引线已经被点燃,既然没有退却的余地,那么,就只能向前冲。东条英机是个好战分子,完全可以让他来做这个打前战的人。在政敌眼中,东条英机不过是个如同傻子一样的挡箭牌。

这也就预示着东条英机的政治道路的艰辛，失败也是必然要发生的。从一开始，他就是被人"玩弄"的人，当他不再被需要的时候，就会被无情地抛弃。可惜东条英机没有这样的远见，也没有考虑到自己从一开始，就已经被政敌利用。

支持东条英机来当首相的诸大臣想法也不尽相同。他们普遍认为，担当首相之职，东条英机并不是最为合适的人选。但是，已经有人明确地提出来，以东条英机为代表的陆军统治集团是最顽强、最顽固，也是最顽劣的。

东条英机本人则认为：既然日本人选择了我来当首相，就是对我的信任，那么，我就应该自觉地踏上这条路，自愿地承担起重任，况且，这也正是我期待已久的。

会议结束后，日本天皇就召见了东条英机。经过天皇的批准，东条英机由原来的中将军衔晋升为上将军衔。然而，战争并不如东条英机所想象的那样尽如人意。从 1942 年 7 月到 1944 年这两年多的时间，日本的军队在太平洋战场上战绩并不令人满意。他们节节败退，死伤无数，而且损失重大。日本的侵略军已经是强弩之末，以东条英机为代表的日本法西斯政府将面临着全面的失败。

伴随着战争，也给日本的国内带来了诸多的社会性问题。日本国内的生产力水平在逐步下降，男人都被征兵到了战场，日本的国内出现了劳动力匮乏现象。难以战胜的经济危机给日本人民的生活带去了诸多不便，致使许多犯罪现象发生。东条英机的战争理论并没有给日本人的生活带来好的转变，反而让日本的国民经济变得日益艰难。

现实就摆在面前，无论东条英机如何掩盖，日本人民生活的窘迫状态是国内的每个人都能切身体会到的。紧接着，日本军队败北的消息不胫而走，在日本国民内部传扬开来，一时间怒声迭起。

"民意是不可欺的,看看东条英机现在怎么收拾残局。"东条英机的政敌们开始嘲笑他,这些人等待这一天已经很久了。

在政敌的鼓动下,日本天皇也开始认为,日本目前的萧条景象应该由东条英机负全部责任。因此,解除东条英机首相职务已经被提到了工作日程上来,而且势在必行。

自从东条英机上台以来,日本开始主张用战争解决问题。起初,东条英机的一些战争决策还有所成效,但是,到了后期,日本就不断地失利,本想通过侵略的方式使这一小小的岛国获得生机,结果却让战争将资源消耗殆尽。犹如本想举起石头打别人,结果不慎砸到了自己的脚。日本的内部形势渐趋恶化,使东条英机的政治生命处于悬崖边缘。

1942年夏天的中途岛海战,日本军队败下阵来。令人不可思议的是,日本军队竟然瞒报了军情,作为首相的东条对这次失败全然不知。由于日本海军的有意隐瞒,东条英机对战争生出了错误的信心。结果在1943年初,日本的战争机器大量地被损毁。日本军队受到严重损耗,元气大伤。军队的颓势使得东条内阁如同秋风中的落叶,飘摇无根。

身兼首相、陆相和内相三职于一身的东条英机,向来以肆意镇压、独裁而著称,现在战争的失利使他的政治名声日益不佳。

还有另外一件事,可以体现出东条英机在日本政府和军队中并不受欢迎。由于日本正处在经济不景气时期,面临国家困难时,奢侈浪费是非常可耻的事情,这一点,日本的国民都知道,也能够自觉的遵守,军队中也是如此。然而,东条英机对部下却严格要求,甚至到了苛刻的程度。士兵们常会看到东条英机去检查垃圾箱里的垃圾。即便是异味让人难以忍受,东条英机还是一丝不苟地翻检着,查看是否有人大鱼大肉,是否存在铺张浪费的现象。在军队中,东条英机的这种行为成为了大家茶余饭后的笑谈。特别是东条英机的政敌,往往会到处传扬:东条英机的一大人生乐趣就是去翻看垃圾箱里面的垃圾,看看里面有没有鱼肉。

同样的一件事情,不同的表达就会出现不同的涵义。本来是一件用来调节气氛的轻松愉快的事情,结果就变了味道。新兵对东条英机翻垃圾箱的行为表示不解,老兵就会及时告之:这是东条上将的爱好之一, 请您不必介意。大家随之一笑。而东条英机的政敌一谈起这件事情时,通常都会以轻蔑的口气,带有贬损的意味进行讨论。再加上东条英机的战果一次又一次地让人失望,国民已经对他丧失了信心,此时的他可谓名誉扫地。

当形势不利于自己,却又无法寻找到扭转的机会的时候,忍辱负重是非常有必要的。忍一时之气,可以成就远大的目标。可悲的是,以东条英机的性格,是绝不会这么做的,他的内心深处一直是"有仇不报非君子"的狭隘心理。这样做的后果是可想而知的,一时的冲动,导致了他亲手葬送了前程。

一位军事参议官在记者面前有表达了他对东条英机的不满,话语间带有些许轻蔑。这些话很快就传到了东条英机的耳朵里,这下可触动了他敏感的神经。对于类似的谣言,他早已有耳闻。但是这位参议官竟然公然羞辱自己。

"真是岂有此理,这简直是在落井下石。"心胸狭窄的东条英机被触怒。他立刻下令处置这位参议官,命令马上把这位参议官编入预备队,让他自我反省,省得到处乱讲话。

"尊敬的东条首相,这不过是一些市井戏言,我们不必太在意。因为这样的一句话而处理一位德高望重的官员,是不是让人觉得我们是在睚眦必报?"站在一旁的一位军官是东条英机的亲信,他这样提醒着东条英机。

"现在的形势对我们非常的不利,为了避免'墙倒众人推'的局势出现,

我们必须得这样做。正因为他的地位比较高,我才要这样做。其目的就是'杀一儆百'。"东条英机为自己的行为找到了合适的借口。一个微不足道的问题被他这样一解释,就变得小题大做了。

听到首相这样讲,亲信也就不再多说了。

这一天下午,东条英机觉得有必要去拜会一下宫内大臣木户。木户是东条英机的支持者,当年也是他提名东条英机来当首相的。面对几个月来日本国内的危机,以及东条内阁的起落不定,木户一直都是支持他的。然而这一次的谈话,木户却对东条英机过于集权的做法大加指责,而且现在已经激起了民愤。

"东条首相,您身兼数职,能够集中精力指挥战场上的部队吗?看看现在的日本,已经是一团糟了。"木户的话很刺耳,东条英机只能低头称是。

"还有,您对重臣的意见也不够尊重。"东条英机越听越感到乏味,终于不耐烦了,说道:"我觉得军队的问题是最为重要的,今天打搅您的时间已经太久了,我该回去了。"

显然木户已经不再支持他。这一次谈话,东条英机并没有达到自己意想的效果,反而大为扫兴。

回到住处,东条英机的好友兼顾问佐藤贤了中将正在那里等着他。东条英机的身边有一些为他效力的亲信,由于上层势力的纷纷倒戈,东条英机逐渐地被抛弃,他的亲信们也被人冠以"雅号"。出现了著名的"三奸四愚"等人物。

等候多时的佐藤贤了中将看见东条英机回来,还面带沮丧,就赶紧上前几步,问:"怎么样,木户怎么说,他还支持我们吗?"

"木户大概是希望我主动辞职。他最后提出了我对重臣不够尊重,是在提示我重臣们已经开始搞倒戈运动了。木户对待我的态度,有些一反常态,

这说明天皇对我已经失去了信心。现在看来,我已经没有任何理由停留在这个职位上。"东条英机的情绪很低落。

"首相,我们不必介意木户怎么讲,您怎么变得软弱起来了,军事上,我们还是可以重新调整的。"佐藤贤了中将给东条英机打气,希望他快一些振作起来。

天皇对一个官员不再信任,那么这个人的政治生涯也就快走到了尽头,在此情况下,东条英机只得拜访退役中将石原莞尔,以期能得到解决之道。

虽然是东条英机的老对头了,然而石原莞尔已经退役,不再参与人事之间的竞争。况且,涉及到日本国家大事,作为军人,他还是愿意接待东条英机的,同进,也能了解一下东条英机还有什么打算。当石原莞尔听到东条英机要求自己来保护他、支持他的时候,石原莞尔就开门见山地对东条英机说:"木户当年推荐您来当日本的首相,其实是不得已而为之,因为当时形势紧迫,确实没有再合适的人选了。"

一听到石原莞尔说的这些话,东条英机的心就凉到了底。他已经预见到接下来的讲话内容了。

"而且,从一开始我就提出,你能够控制住军队,但是并不具备指导战争的能力。现在的日本你也看到了,混乱不堪。如果再这样持续下去,距离日本灭亡的日子恐怕就不远了。所以,我希望您能够尽早地辞去内阁总理的职位,这样做,对您自身也是非常有好处的。"石原莞尔没有给东条英机插话的机会,继续说着。

事实上,石原莞尔早就认为东条英机在战术上是有误的,最终导致日本现在的局面。他曾经通过高松宫宣仁亲王间接地向天皇提出建议,要求改变战术。但是,天皇一直很犹豫,加上他对东条英机的信任,就没有下命令按照石原莞尔的提议做。高松宫宣仁亲王是天皇身边的密使,对于天皇的一言一行以及政治观点都非常了解。

当时,石原莞尔对高松宫宣仁亲王是这样表达的:东条英机现在把重点放在了制海权上,显然,那已经过时了。制空权是非常重要的,没有制空权就不可能有制海权。看看我们日本的军事,制空权已经落到了对方的手里,失败是毫无疑问的。所以,我认为,现在应该退而求其次。

"退而求其次? 怎么讲? "高松宫宣仁亲王急忙插话。石原莞尔希望巩固日军的补给线,此外,还要在日本的本土周围建立难以攻破的要塞。如塞班岛、关岛和特尼安岛都是重要的岛屿。

对于上述的军事行动,东条英机显然是没有魄力,更是没有信心去实行的。

在日本的军队中,天皇的意志是至高无上的,没有哪一个人胆大到去违背天皇的意思。东条英机知道自己已经失去了往日的影响力。现在担任的总理大臣,不过是一个名称而已,就连石原莞尔也不再想帮他做些什么。

"好的开始,是成功的一半。"从东条英机执政的那一天,或者确切地说,从他被提名为首相的那一刻起,就注定了东条英机的前景是不乐观的。失败在实践中得到了验证,东条英机屡战屡败,在他执政期间,军事上、政治上、经济上、社会上都在走下坡路。1944 年的 7 月份,东条英机辞职,之后又先后辞去包括陆军大臣、内务大臣、军需大臣等职务。很快,全日本的人民都知道这件事了。

已经提出辞职的东条英机声明:如果日本将来战败,那么请不要把责任都归咎于我,都是"重臣"迫使我辞职的结果。

回想 4 年前自己当上了陆相,之后经过不断地努力,发动了震惊世界

二战浪漫曲

的太平洋战争,先后侵占了十多个国家和地区,日本独占亚洲的"宏图大业"还未完全实现,带着这样的遗憾,他离开了政治舞台。

可悲的东条英机没有想过,他发动的战争,连连失败,导致了几十万日本男儿命丧他国。他已经成为了国民的众矢之的,"重臣"也怨声载道。日本的败局已定,国内矛盾不断激化。在这种形势下,也许下台对于他来讲是一件好事。终于,一个值得全世界人民欢呼的日子来临了。人民将走向和平,走向安宁,迎来期待已久的曙光。1945年日本终于宣布接受了《波茨坦公告》。

1945年8月8日,苏联宣布与日本处于战争状态,也签署了《波茨坦公告》。公告上面明确提出,日本政府应该立即宣布无条件投降。日本的军队要全部清除,日本军国主义必须要消失,战犯要得到应有的惩罚等内容。

日本在东条英机的策划下,发起的太平洋战争,并没有给日本带来什么好处。日本战败了,而天皇裕仁也处于尴尬的境地。现在,是否投降,已经成为了日本天皇最为头痛的问题,而对于这一场太平洋战争,他又不得不承担一定的责任,至少,他要在投降书上面签字。

东条英机是他的得力助手,是他所重用的一名大将,多年来的合作,东条英机已经成为了在天皇裕仁看来的一个不可多得的人才。但是,看看日本的现状,战争带给日本无尽的创伤。作为一个国家的统治者,个人的私心相比较于人民的生活,当然不是最为重要的。如果日本这个国家不存在了,那么,自己作为日本的天皇,罪孽将更为深重。更重要的是,美国熊熊燃烧的怒火已经开始毁灭性的轰炸日本,更为恐饰的是,还在日本境内的两个地方投放了原子弹。

经过激烈的思想斗争,裕仁终于作出了决定:我必须为我的日本着想,必须要以大局为重。东条英机曾为日本的扩张做出了突出的表现,这是客

观事实,天皇不会忘记,必将谨记于心。然而此时,也只能让东条英机受些委屈,他的付出,能够拯救整个日本国。

主意已定,日本天皇裕仁做出了最后的选择。

日本的秋季,是一个非常美丽的季节。自然风光令人赏心悦目,流连忘返。日本樱花世界闻名,它是日本的国花,樱花于春季开放,被世人关注,然而,事实上,秋天的日本更具浪漫色彩,火红的秋叶陶醉着人们的心,书写着季节的诗篇。日本人喜欢秋天,不仅仅是因为秋天的色彩,还有一个原因,那就是秋天的时间很长。

日本天皇裕仁走上了山,观赏着山上的红叶,那色彩,犹如波浪一样,从山顶上荡漾开来。耀眼的红叶铺满了山坡,远远望去,那奇岩绝壁像是穿上了红装,加之期间黄色的渲染,使得这山,这峡谷,这山上的一草一木绚丽多姿,分外妖娆,有一种幻境的意味。

"多么令人神往的景色,真是美不胜收。东条也很喜欢秋季,大概日本的秋季真的是具有魔力的吧。"裕仁天皇不禁感慨着。他和东条英机情同手足,他知道,东条英机尤其喜欢秋季,秋季的风与云清透清高,秋季的色彩丰富绚丽,秋季蕴含着大自然饱满的热情,可以让人们抒发出任何一种需要表达的情怀。此时此刻,望着这满眼的秋色,天皇的内心激动不已。

1945 年 8 月,天气已经渐渐地转凉,在这个红叶最美的季节,日本的美丽中掺杂着无尽的压抑,日本人民已经没有心情去享受大自然的绝美风光。8 月 15 日中午,日本天皇裕仁怀着沉痛的心情,最终宣布:日本无条件投降。

这一天,秋雨淅淅沥沥地下着,湿了东京的大地,凉了天皇的心。整个日本都在流泪,在无声地哭泣。特别是那些日本的军人,他们有的疯狂着要继续战斗,并发誓要以战斗的形式挽救日本;有的人试图自杀,秉承日本的武士道精神,以剖腹的习俗来结束自己的生命;更多的人则是站在那里默默地忍受着,甚至嘴唇已经被咬出了血迹。当东条英机听到这样的消息时,更是无法接受。太平洋战争是他的心血,他不愿意让自己的"苦心经营"付之东流。

当时,"密苏里号"正停泊于日本的东京湾。9月2日上午9时,平静的海面上,微风徐徐吹过,插在战舰上的旗帜随风飘扬,偶尔有白色的海鸥飞来飞去,盘旋了一会儿,便鸣叫着离开了。签字仪式结束后,前来接受日本投降的各国代表也依次在上面签了字。

战争的帷幕已落下,法西斯轴心国悲惨的失败了,盟国获得了最终的胜利。

虽然还是在秋天,但是风却吹来了冬的气息,海面上,清凉的风抚过脸庞,寒意十足。特别是这些日本的侵略军,更感到这风好像能够穿透衣裳,刺痛骨髓。而同盟国的将领在这海风的吹拂下,显得更加气宇轩昂。9月份的南京,天气还是很温暖的,但是,对于冈村宁次来说,这里的空气总是闷得让人呼吸困难,心情无比沉重的他久久地沉思着。在军中,胜败乃是兵家常事,投降却是耻辱的,对日本这样一个重视意志力和忍耐力的民族,低头似乎意味着是一种羞辱。此时此刻的冈村宁次灰沉着脸,承受着他认为的一生中最大的耻辱。

从历史的角度来看,日本的战败是必然的。其军队早已溃败得无法再复原,更没有能力再继续战斗下去。日本的海军消耗殆尽;日本陆军虽尚有可为,但关东军已经被彻底消灭。军事力量严重地被削弱。还有一些"国内军",这些军人留在国内,但是基本上都是老弱病残,手无缚鸡之力。因此,日本天皇做出无条件投降的举动是明智的,他知道,日本的军队已经近乎瘫痪,一个瘫痪的部队如何与盟国的精锐部队抗衡呢?如果顽固不化,继续

抵抗,其后果无异于以卵击石。

在日本的投降仪式中,麦克阿瑟一直都扮演着关键的角色。

无论东条英机怎么折腾,战争的天平终究还是要朝着正义的方向倾斜。日本终究还是败了,东条英机,自杀未遂,被麦克阿瑟带人抓了起来。最终在军事法庭上受到审讯。

最后的判决书罗列出 55 项罪行,东条英机一人独占 54 项。站在法官面前,东条英机作出很多无力的辩解,但这都是徒劳的,滔天的罪行终究要偿还。

即使在这个时候,日本已经战败了,东条英机已经成为了战犯,他还是没有对自己犯下的罪行有一个清醒的认识,还要极力地为自己开脱,开脱的原因是试图摆脱诸多的罪名。

东条英机的声音越来越高昂,脸上带着不自然的微笑,好像这样的面容足以表明他所说的话是诚实的。对于听众来讲,他的这些话不过是一些诡辩而已,日本的侵略是人所共知的,东条英机所犯下的罪行也是有目共睹的。无论东条英机如何地叫嚣,都无法洗脱他的罪名。

在法庭,东条英机还在公然宣称:"我们日本人民一定要耐心地等待,相信在我死后,将来会有那么一天,日本还能东山再起。"

这样的一席话,与其说是蛊惑人心或者是煽动是非,还不如说是在宣布遗言。

即使在如山的铁证面前,东条英机还是在以他认为可行的方式,顽固地为其侵略罪行辩护着,"我没有犯罪,我所做的一切都是正义的,我在为世界的和平而做出贡献。"近乎声嘶力竭的吼叫声响彻整个审判庭,没有人去理会他说了些什么。此刻的他显得镇定自若。他觉得审判庭上的人都太滑稽了,想到这些,东条英机泛起冷笑,轻微的,不易被人察觉的。因为他不相信自己会有死亡的一天，即使离开人世，自己也是在日本国的国土上，或者战死在沙场上，光荣的死去。作为一名军人，这才是最具荣誉的事情。他陷入了自己妄想的世界，似乎没有听到宣判死刑。

遥不可及的地方传来的声音和我有什么关系，真实太可笑了，东条英机这样想着。他想象自己回到日本国，想着自己作为军人荣誉，想着继续征战沙场。他陶醉在自己编织的谎言之中。审判庭上的每一个人都无法想到，这个曾经屠杀了千百万人生命的刽子手，站在生死抉择的审判台上，还在做着他的春秋美梦。

站在审判台的东条英机是个相貌平常而又身材短小的男子，然而，他所犯下的滔天罪行却令人震惊。东条英机需要承担侵略而造成的大部分罪责，除此之外，他还在残酷的战争中造成千万黎民无故丧生，他不但虐待战俘，还用细菌等化学武器屠杀无辜百姓，其行为令人憎恨不已。这些罪行都如实地被记录下来，无论东条英机如何地巧舌辩解，事实摆在面前，个个都是铁证。他带给全世界人民太大的伤害，其军国主义思想，让全世界都深陷在苦难之中。

宣判罪行之后，东条英机被严密地关押起来，那是一个黑暗的小屋，这位十恶不赦的罪人孤单地等待刑罚加身，死神已经在冲他微笑。那时，他还没有意识到，其末日在一步一步地走近，他从来也没有相信过，自己会有被别人操纵的一天，会败在敌人的手中。

1948 年 11 月 12 日，远东国际军事法庭作出了代表正义的宣判，东条英机必须要为自己的恶行付出代价——接受死刑。这一声"死刑"，如同炸雷一样，在东条英机的头顶上"轰隆"一声，炸开了。法庭的听证席上，人们欢呼雀跃的声音震耳欲聋。持续不断的掌声振奋人心，人们从未像今天这样欢欣鼓舞。

宣布死刑的那一刻，东条英机彻底地崩溃了，他的最后一线希望被正义之剑斩断，即使经过了垂死挣扎，结局仍旧是死亡。最终，这个掀起巨大战争波澜的战犯，在热爱和平的人们的欢呼声中结束了罪恶的一生。

二战浪漫曲

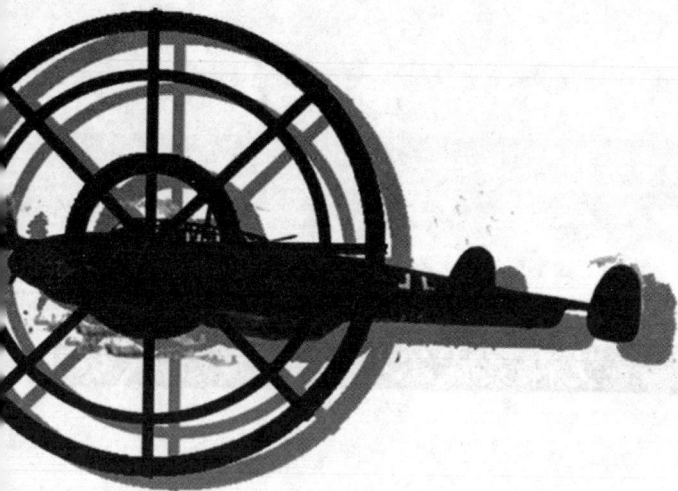

艾森豪威尔

艾森豪威尔

在朋友和家人的口中,"艾克"一直是艾森豪威尔的一贯称谓,人们并没有把他看成是一位颇富传奇色彩的总统,而他自己也从未因自己的成绩而沾沾自喜,作为一名军人,他一直都恪尽职守,作为总统,他把美国的民众当作了自己的亲人,这位在美国历史上绝无仅有的五星上将总统,带给人们的是怎样的深思。

艾森豪威尔不仅是一个伟大的军人,同时,他也是一位著名的政治家。在 1953 年至 1961 年艾森豪威尔担任美国总统期间,战后的美国经济衰退,社会动荡,为了解决美国现存的问题,他采取了一些行之有效的措施,在当时起到了一定的推动作用,在他的影响下,美国民众也积极地行动了起来,从而使美国度过了一个个难关,他也因此赢得了美国人民的尊敬和热爱。

1890 年 10 月 14 日,这是一个非常普通的日子。夜幕已经降临了,美国德克萨斯州丹尼森的一幢简陋的小木板房内灯火通明。一位年轻人面露焦急地在木板房外踱着步。

这时,木板房的门开了,一位医生模样的人探出头来,对外面的人喊道:"恭喜你先生,艾森豪威尔太太又生了个儿子……"

还没等医生说完,老艾森豪威尔先生就夺门而入。躺在床上的妻子艾达显得很虚弱,朝丈夫露出了微笑。一个皱巴巴的小不点儿躺在艾达旁边,这已经是他们的第三个儿子,他们给孩子取名为"德怀特"。他们无论如何也想不到,这个孩子竟会改写了美国历史,成为二战中耀眼的将星,还会成为美利坚合众国的总统。

小德怀特·艾森豪威尔的童年充实而且快乐,虽然家里的经济条件不是很好,但他的母亲尽量为她的孩子营造了快乐的成长环境。在他1岁的时候,全家迁移到了堪萨斯州的阿比伦,那时,24美元就是他们全部的家当了。

在他们没有搬离狭小的生活空间的时候,有一间大房子几乎成为了全家人的期许。在1898年的一天,异常兴奋的戴维在没有到家门口的时候就向妻子喊道:"我么家有房子了,我们马上要搬进大房子里去了!"这个消息令全家人都跟着他一起兴奋起来了。他们即将搬到堪萨斯州的阿比伦与戴维的父亲居住到一起,而一直与父亲一起生活的弟弟亚伯拉罕打算搬到西部去,所以,他希望戴维能够搬来与父亲居住并且照顾老人,空闲下来的房子他们可以选择买下来或者是租用,当然只要象征性地表示一下就可以。就这样,戴维一家来到了阿比伦。

岁月发生着历史的更迭,人的记忆也是从朦胧到深刻的。德怀特的童年是在波折的情况下度过的,在他的心目中,理想的生活应该在无忧无虑的,家庭殷实,父母给他提供良好的生活环境。然而这一切却事与愿违,不是以他个人的意志为转移的。这一刻他的思想经过了质的飞跃,世界观也渐渐地树立起来。

他的家从此搬进了一个对他们来讲犹如一座宫殿式的建筑,一家人喜出望外。这是他人生成长的重要里程碑,因为他看到了贫富的差异性。寓所周围绿荫叠翠,环境优美,到处都是公园般的景致。

美国传记文学作家里,路特·怀尔曾经这样描写这里的景致:溪水潺潺,鲜花斗艳。由此看来这里的景致真是与众不同。

在德怀特的世界里,一切变得即陌生又熟悉。在小伙伴当中,他总是那

些孤独孩子的开心果,即使有一些孩子欺生,但他都用坚强的忍耐力展示了自己良好的教养。在别人欺负他的过程当中,德怀特绝不会有一丝一毫的求饶,往往都是以这个陌生世界的挑战者的身份出现。

随着年龄不断地增长,人们接触事物不断地增加,艾森豪威尔开始对各种军事历史感兴趣。大人们讲解的那些战场上的英雄故事,他总是专心致志地听解。偶尔遇到一两本有关军事的书籍,他便津津乐道地仔细阅读。俨然成为了一个小军事迷。艾森豪威尔最喜爱的就是那些大人给他买来的军事玩具。一个小木枪成了他心爱的宝贝。在这种思想情结中,艾森豪威尔一天天长大。

学校里,他的体育功课永远是班级的前几名。在锻炼身体的过程当中,他快速成长着,身体愈发结实起来。他经常参加赛跑和追逐活动,是同学中赛跑的佼佼者。他已经把体育功课作为一个主要的学科,认真研习。下课以后的业余时间,他也反复锻炼,为未来的成长打下了良好的基础。这一时期的成长,为他后来的事业提供了一个有力的保障。

童年的成长是无忧无虑的。有人说,性格决定命运。也有人说,时势造英雄。艾森豪威尔在成长的过程中,家庭的背景和时代的背景,为他提供了得天独厚的舞台。少年时代是快乐的,快乐的时光总是迅速地流逝,艾森豪威尔快中学毕业了。随着毕业考试的临近,他对学习表现出愈加浓厚的兴趣。他中学毕业的成绩很理想,在31名毕业生中,这位未来的总统名列第三。

绿树成荫的小镇是避暑的天堂。1910年夏天,德怀特开始和镇上一名医生的儿子埃弗雷特·斯韦德·黑兹利特交上了朋友。在学习过程当中,由于艾森豪威尔对自己感兴趣的课程十分着迷,而忽视了学习的均衡发展,数学考试偶尔会有不及格的情况。然而,青春的时光一去不复返,错过的光阴不会再回来。好在他能即时醒悟,把落下的功课全都补回来,成为同学中的优秀学生。

生命总是由若干个转折点连接而成,而这些转折点往往事出偶然,这个叫斯韦德的人提议让艾森豪威尔去西点军校。这个提议改变了艾森豪威尔一生的命运。当时的西点军校以纪律严明,作风硬朗闻名于世。选择西点,足见艾森豪威尔的勇气和决心。西点军校在世界军事史上都有着特殊的地位。然而当时艾森豪威尔能够进入西点军校学习可是一件不容易的事情,这里有常人难以忍受的军训。选择西点军校对于艾森豪威尔来说,是他终生引以自豪的事情。在人生的紧要关头,他做出了重要选择,抓住了时代的机遇。

春天,因为气象万新,生机勃勃才使大地孕育着丰收的果实;青春因为朝气蓬勃,斗志昂扬,才使人们赢得了繁华似锦的未来。然而,朽木不因春天的到来而开花,懦夫也不因年轻的时代而战斗。1911 年 6 月,艾森豪威尔正式成为西点军校的一名学生。

高楼林立的纽约已是现代的大都市,西点军校坐落在纽约市北部 80 公里处的西点镇,它被看作是成就军事梦想的摇篮,在这里曾培养出了大批的军事专家以及美国政坛界的风云人物,只要进入到西点军校,那么,学子的军事梦想离他们也不会太过遥远。

但在德怀特·艾森豪威尔的心中却并不这样认为,这里只不过是一个闭塞的训练基地而已,初期的西点军校在他的心中形成了一定的反差。来到西点军校的学生都是各个中学的尖子生,还有一些是优秀运动员。尽管艾森豪威尔酷爱体育活动,然而进了西点军校,他才知道他掌握的那一部分体育技能和同学们比是小巫见大巫。这使他的内心非常沮丧。刚到西点的时候他经常因为自己失去了体育优势而感到不快。西点就是以身体素质

见长的学校,大家都在心里暗暗较劲。每个人都有自己独立的绝技。有的人擅长越野,有的人擅长跳高,还有的人爬树水平相当了得。在这种生活环境当中,逼迫每个人都得自我强大,否则就会在同学中失去威信。久而久之,就会被这个集体所淘汰。

尽管艾森豪威尔学习的专业是土木工程和军事工程,要求人们有逻辑思维,专业性极强。这一时期,他们的课程里不仅有各种各样的军事训练,还要掌握许多武器的使用方法。艾森豪威尔主攻的方向是架桥、铺路等工兵课程。这本来就是他童年时期的志向,所以他在功课中非常下工夫,使得他的功课水平成绩优异。他经常能在老师留下的课程以外提出一些奇奇怪怪的想法,有时一些授课的老师被他的想法也弄得摸不着头脑。其中,工程课老师对艾克的学习钻研精神非常认可,经常给他讲一些别的同学听不到的故事。渐渐地,艾森豪威尔成了工程课老师的得意弟子。

军人效忠自己的国家和人民,无论面对怎样的困难,把国家和人民的利益放在首位,这是爱国主义精神的一种体现。当时代需要的时候,经过西点军校培育的艾森豪威尔别无选择。他一生的聪明才智以及他在课堂上学习的军事技能和本领,必须服从国家和军队的需要。对于工作的理解,他已有了新的内涵。他明白,从此,他将为自己的祖国,而不是为他自己服务。

寒暑几度,业精于勤。在西点军校,经过苛刻艰苦的四年磨练以后,艾森豪威尔毕业了,他以少尉军衔被派到萨姆休斯敦港口去服役。这是他开始从军的舞台,他在西点的学习有了用武之地。

大地回春,万里无云,南德克萨斯州的阳光是明媚的。当艾森豪威尔抵达休斯敦萨姆堡的时候,他的世界里春风得意,因为有一个女孩悄悄地来到了他的眼前。

爱情对于人生是美好的,当爱情来到我们身边的时候,有些不知所措

的缘由。有时是朦胧的,有时会让人欣喜若狂。美好的爱情,会对人们的事业有着极大的推进作用。爱情是相互的,对于男女双方无论在任何条件下,大家都是平等的。

1915 年 10 月,在这个秋高气爽的日子里。南德克萨斯州被秋日的阳光暖暖地包围着,正在值班的艾森豪威尔对秋日的暖阳照耀的很是惬意。艾森豪威尔一身戎装,在青春的岁月里,显得格外英俊。在那个时代里,军营中的装束通常很吸引人们的眼球,更是姑娘们追逐的对象。艾克挺着胸,昂着头,心中带着窃喜的感觉去参加他人生一次重要的约会。

历史总是把偶然变成必然。艾克在工作之余也偶尔出入兵营的服务区,就在这天上午,军官俱乐部门前一群军官太太正在那里小憩。其中的几个人恰好认识艾克,她们便友好地打着招呼。这时,一位美丽的少女闯入了他的视线。艾克一边跟这些人打着招呼,一边情不自禁地走近了她们。鲁露·哈里斯太太给他介绍了自己身旁的这位杜德小姐。腼腆的艾森豪威尔礼貌地跟大家寒暄了几句,然而他的眼睛却落到了杜德小姐的脸上。刹那间,哈里斯太太很快地反应过来,便有意无意地介绍着双方。

杜德小姐,人们都喊她"玛咪"。德怀特·艾森豪威尔,大家都叫他"艾克"。随着大家的相互介绍,彼此之间有了第一次接触。艾森豪威尔从她们身边走开了,身后留下了他英姿飒爽的背影。

近几日,杜德小姐的身影时常浮现在艾克的脑海中,他决定去找杜德小姐。从此军官俱乐部变成了艾克常去的地方,但他并不是每次都能如愿以偿地见到玛咪。可是功夫不负有心人,时间久了,属于艾克的机会也就来了。因为玛咪小姐心里也开始惦记这位的年轻的军官了。在艾克契而不舍的攻势下,艾克和玛咪双双坠入爱河。他们各自闯入了对方的生活。1916 年情人节那天,艾森豪威尔在家人的支持下,开始正式向玛咪求婚了。当然,他请求的答案是肯定。玛咪一家也非常喜欢这位英俊帅气青年军官。

就在这年春天,艾克和玛咪举行了隆重的婚礼。亲朋好友都来见证他们幸福的时刻,两人更是沐浴着幸福的阳光雨露。从此,艾克的心里有了更加强烈的自信,对新生活充满着更多的渴望,这种奋斗意识是青春时光最宝贵的财富,也为后来事业的发展奠定了基础。青春时光让人拥有对未来美好事业的憧憬,也有对现实奋斗的无限力量。脚踏实地,不断地努力向上,就一定会收获春天的希望,秋天的果实。

幸福的时光总是短暂的,就在他们新婚不久,美国军事进入战备状态。艾克作为军人,必须无条件地服从军队上的安排。他们不分昼夜地训练和调试,目的是提升部队的战斗力。军营的工作枯燥而单调,每天训练回到家里,艾克甚至连衣服都没有力气去脱,更不要说其他的事情了。家里的大事小情,全都由玛咪一个人打理。就在他们结婚的第二个年头,他们的第一个孩子出生了。玛咪给他取名为杜德·德怀特·艾森豪威尔,玛咪亲昵的称他为艾基。由于艾克忙于军务,除了少许的军费补贴之外,其他的家里开销全都由玛咪的父亲资助。在艰难的战争岁月和大萧条时代里,正是这笔资助使得艾森豪威尔一家的生活不至过于窘迫。

在世界的舞台上,1917 年,是一个复杂的历史事件重叠的年份。在第一次世界大战爆发前夕,全世界经济发展还处于相对落后的层面。各地方的地域冲突、民族矛盾不断。这为第一次世界大战的爆发埋下了祸根。

第一次世界大战爆发并不是一个毫无征兆的战争行为,在残酷的战争面前,欧洲的一些列强都在为大战做着积极的准备,美国也不例外,在开战之前的大规模军事动员也是常理之中的事情。1917 年 5 月,艾森豪威尔奉命前往新成立的第 57 步兵团。在这里,他的主要职责就是为团里输送军官以及提供装备。服役不到两年的艾森豪威尔就被提升为上尉。9 月中旬,艾

二战浪漫曲

森豪威尔被派往奥格勒索普堡,负责训练未来的军官。与此同时,戎马生涯的艾克经常换防,他的工作地点也从不确定。从西点开始,到利沃顿斯堡,他马不停蹄地接受一个又一个任务。尽管如此,艾克作为军人从来都是无条件地服从。

艾森豪威尔被任命去领导葛底斯战场附近一个临时的军事要塞:克尔特军营。艾森豪威尔的组织才能,使他的上司认为他更适合去训练部队。在离皮克特发起进攻不远的地方,艾森豪威尔建立并领导了一所美国最大的坦克训练中心,给上级留下了深刻的印象,在 7 个月的时间里,他就从上尉晋升到了陆军中校。

经历本身就是财富。从士兵到将军的成长过程,是需要漫长的岁月的。在前进的过程当中,不都是鲜花和掌声,有时也包括必须承受的挫折和打击。

艾克工作努力,在军队建设中,提出了一些良好的改进意见,大大地改善了官兵的关系。艾森豪威尔的管理才能得到了上下的一致好评。他获得了优秀军工勋章。1920 年,艾森豪威尔被晋升为少校军衔。他统帅的部队更多了,他的军事才能有了更广阔的施展舞台。

从西点军校毕业一直到现在艾森豪威尔从事的都是教官这一职业,年深日久之后,他摸索出一套自己认为行之有效的训练方法。艾森豪威尔观察着时间的变化,是战争变化的重要环节。他特别重视夜间战争。他的部队也着重进行夜间战斗的训练。不管是攻击还是防守,艾森豪威尔在实践中总结了一套关于夜间作战偷袭和防守的理论,并在军营中不断地实践和推广。使得部队在训练中提高了战斗力。他感到战争是检验平时训练的试金石。只有平时训练达到相应的水准,战斗中才能减少伤亡。战斗时部队是相互配合的整体,如果缺少相互之间的默契配合,就会大大地削弱战斗的实

力。经常训练会使部队的各级指挥官增加实地思考的能力，也保证部队协防作战中的默契。

世界上战胜别人的并不只是武器，而是思想和精神。在艾森豪威尔的时代，坦克是战场上的优势武器，而他预言，比坦克更加先进的武器也很快会取而代之，因为战场需要武器的不断改良。发展经济是作战的基础，提供良好的后勤补给是作战的命脉。凭着这些理论，艾森豪威尔在美国军人中出类拔萃。

艾森豪威尔与美国坦克部队里的其他人一样，不知道坦克在法国的行动。他未来的朋友乔治·巴顿正忙着把美国远征军坦克部队训练成一支第一流的作战力量。这支部队将在1918年9月和10月的圣—米歇尔防御战和缪斯—阿根尼战役中崭露头角。

1918年夏天，是一个风和日丽的季节，艾森豪威尔一家搬进了葛底斯堡大学宿舍一间较大的屋子。欧洲可能停战的传言到达葛底斯堡时，一封来自丹佛的电报使玛咪感到震惊。她深爱的妹妹布斯特突然去世了，年仅17岁。布斯特是玛咪第二个在少年时期就夭折的姐妹，她的大姐艾莉诺也在17岁时去世。在艾克和玛咪在哈里斯堡挥泪告别以后，艾森豪威尔给艾尔维拉·杜德发去了一封痛苦的哀悼信。他写道："我最亲爱的母亲，我们的心都碎了。我们能感受到您的悲伤。因为工作，我不能回来，但是就在此刻，我知道，您对孩子们的爱会告诉您，我的心和我的爱与您同在。"

不幸的事情不会一直伴随在身边的，艾森豪威尔这样告诉自己。果然不久之后，好运来了，艾森豪威尔被提升为中校，当玛咪和艾基到达丹佛的时候，战争已经结束了，整个美国都沉浸在欢乐之中。1918年11月11日11时，西线宣布停战，人类历史上最可怕的一场战争结束了。

1919年3月，艾森豪威尔很高兴地接到返回米德堡的命令，米德堡已经被选定为坦克部队的永久性基地。经过重组，坦克部队由美国坦克部队及美国远征军坦克部队组成，司令员是萨缪尔·罗肯巴奇准将。他是一位骑兵军官，也是美国远征军坦克部队的指挥官。

在米德营，艾森豪威尔又回到了熟悉的场地，和坦克部队一起工作，虽然一开始只是纸上作业。1919年，陆军开始把庞大的军队缩减到和平时期的水平，米德营因而成为一个主要的遣散中心。虽然工作压力很大，但是艾森豪威尔和同事们发挥主动性，找时间组织了一所夜校，教授那些有抱负的陆军常备军军官诸如战术、数学、历史和语文等科目。

春天是美好的，相对于战争中的烽烟战火，从战场上归来的士兵们能够体会到更多的快乐。由乔治·巴顿率领的美国远征军坦克部队的剩余人员从法国返回美国，他们的目的地也是米德营。巴顿继续担任第304坦克旅旅长，这支部队是他在法国训练并指挥的。但是，不久巴顿就被调往华盛顿，担任坦克委员会的委员，负责编写正式的陆军条令和指导坦克部队行动的军事手册。巴顿不在期间，由艾森豪威尔临时担任304旅的指挥官。

1919年的夏天，此时一战的战火已经熄灭了将近一年的时间。在欧洲战场上大名远扬的巴顿上校终于回到了美国本土，并在陆军参谋部的任命中来到米德营地。艾森豪威尔不知道在此后的25年里，这位脾气火暴、性格倔强的军官将对他的军旅生涯产生深远的影响。

最开始的时候，米德营的坦克部队人员没有结婚公寓，所以艾森豪威尔一直住在单身宿舍里，直到1919年秋天他和玛咪相聚才在马里兰州的劳瑞尔租了一间很差的单间屋子，因为屋子太小，装不下艾基，所以就把艾基留在丹佛，让他外公照料。

从小生长在优越的环境中的玛咪自然无法忍受这种恶劣的生活环境，而且艾森豪威尔总是很忙，几乎没有多少时间来陪伴玛咪，所以造成玛咪

的独自离开。军队生活的艰苦,是促使他们婚姻关系明显紧张起来的重要原因。此时的艾森豪威尔仍然为没能到美国远征军中服役而痛苦,接着又因为与玛咪不愉快的分别而深深受到伤害,他感到孤独、郁闷。而且玛咪并不经常写信,即便来信,也很少提到他们的儿子和家人。

这种情况一直持续到1920年5月才有所改变。政府考虑到当地军官的实际情况,允许米德营把裁减下来的营房改建为家庭宿舍,这样玛咪才得以返回马里兰,修补她和艾森豪威尔即将破裂的婚姻。

1920年6月,美国的军界发生了一件很重要的变革,在此之前暂定的国防法案变成了正式法律。这个法案对现有的军队有很明确的限制。

在这一敏感时期,艾森豪威尔和巴顿终日祈祷陆军部下发的裁撤军队的命令不要下发到他们这个刚刚组建不久的装甲部队身上。幸运的是他们的担心一时还没来临,但是在1920年夏天,战后可怕的降级却降临到巴顿和艾森豪威尔的身上。不过令他们喜出望外的是这个霉运仅仅持续了一个月。艾森豪威尔虽然被降为上尉,但是经过一个月以后又被提升为少校。巴顿很幸运,没有成为永远的常备陆军上尉,而被提升为少校。两人都是一小部分升职的幸运军官之一。出乎意料的提升让艾森豪威尔和巴顿喜笑颜开,就在陆军滑向最低点的时候,艾森豪威尔和巴顿在米德营的短暂经历使二人成为二战中关键性的领导者。

岁月总是残酷的,命运在带给人们幸运的光环的同时,也会带给人们一些不幸和悲痛。就在艾森豪威尔的事业大踏步的前进的同时,1920年,他不满三岁的儿子艾基患了传染病猩红热,连续高烧不退。这使得艾森豪威尔夫妇心烦意乱,焦虑不已。直到年末,艾基的病没有丝毫的好转。1921年,元旦刚过,无情的病魔夺走了艾基年轻的生命。这个对世界上的一切美好事物还全然不知的孩子,就这样离开了这个世界,离开了爱他的父母。这一

切对艾森豪威尔打击非常之大。他把全部的心血重新投入了工作当中。他的心中有一种不可名状之苦。从此,艾森豪威尔的工作更加勤奋和刻苦了。

人的一生就如同一条船儿航行在一条河流中,这条河流岔道无数,有些可能河面宽广,通往更加广阔的领域,有些却是狭窄逼仄,险滩激流漫布。中国有句古语叫做"福无双至,祸不单行"。1921年的夏天,这句话在艾森豪威尔的身上得到了极好的印证。

在艾基死亡的悲剧发生前的几个月里,艾森豪威尔正被几项严重的指控所困扰着。这些严重的指控包括滥用资金和欺骗政府。因为艾森豪威尔曾在米德营为艾基申请了住房补贴,当他在享受这项补贴的时候,艾基不在米德营而在伊阿华州的布恩,所以他受到了指控。陆军检查部认为,艾森豪威尔通过手段牟取私利,涉嫌欺骗政府。人的命运也总是伴随着时代的发展而不断地变化,在艾森豪威尔的周围,也总有一些挑三拣四、无中生有的人。这不仅没有阻止艾森豪威尔奋斗的脚步,相反更加坚定了他昂然向上,奋斗的决心。化愤恨为努力,化不利为有利。这一时期艾森豪威尔思想上不断地成熟,人生有了质的飞跃。

可是这一事件调查了将近一个月之久,监察署得出的最终结论是:艾森豪威尔不但要返还补贴,还应受到军法审判。这对于艾森豪威尔来说无异于一道晴天霹雳,若是这个罪名坐实了,那么也就意味着他的军旅生涯从此结束。直到1921年12月,这个问题才得以解决。此前,这个案子在不同部门的无数官员中流传,裁决和惩罚也不断被讨论。最后,令人出乎意料的是一向不太喜欢艾森豪威尔的罗肯巴奇上校口头申斥了艾森豪威尔,建议陆军结束这一事件。这才使艾森豪威尔总算免除了法庭审判,免于不光彩地结束自己大有希望的军旅生涯。

时代总是给奋进的人留有机遇。1922年,是艾森豪威尔的军旅生涯的

转折点,那一天,他正在坦克旅的办公室里制定最近的训练计划,突然听到外面传来吉普车刹车的声音,他以为是巴顿那家伙又来找他,但是推门而入的却是一个陌生的小伙子。他传达了上级的命令,艾森豪威尔转调福克斯·康纳统帅的驻巴拿马军队。

在陆军参谋长潘兴将军的授意下,这位年轻的少校军官工作调到了更加能锻炼他的地方。在美国历史上,马歇尔将军的名字无人不晓。此时艾森豪威尔和马歇尔相互提携,彼此之间成为军旅中的朋友。由于马歇尔年长艾森豪威尔几岁,艾森豪威尔总以学生的身份自居,他的才干颇得马歇尔的赏识。此时此刻,马歇尔的身份是潘兴将军的秘书。

1923年对于艾森豪威尔来说却是一个幸运的年头,1月,也就是在艾森豪威尔出发前往巴拿马的前夕,他欣喜地得知玛咪又一次怀孕了。1923年夏,他们的儿子——约翰·谢尔登·杜德·艾森豪威尔呱呱落地了。随着第二个儿子的降生,艾森豪威尔的家庭才再一次迎来了久违的欢乐。

事实上,美国在巴拿马的驻军是一个名不副实的军队,艾森豪威尔和福克斯·康纳都清楚。虽然名义上,福克斯·康纳指挥的是一个旅,但实际上,这支部队只是一个由波多黎各人组成的步兵团,由美国军官指挥,他们的任务是保护巴拿马运河。在巴拿马的任务单调、枯燥。简陋的军营使生活充满了不快。

康纳夫妇和艾森豪威尔夫妇在军营里面比邻而居,两个男人一起上下班。艾森豪威尔曾经对康纳说他已经失去对历史的大部分兴趣,因为在西点,这个科目的教授方法实在太糟糕了,只要求你记住诸如葛底斯堡交战双方每一位将军的名字和确切的地点。"如果这就是军事史的话,那我一点儿也不想要。"

福克斯·康纳却不这样认为,他认为透彻地了解历史有助于对军事上

的谋划，所以他开始建议艾森豪威尔重新学习历史。在艾森豪威尔眼里康纳既是教师，也是哲学家，在他的严格监督下，艾森豪威尔的军事史教育有了明显的进步。康纳教会这个年轻的军官阅读、思考和谈论的艺术。艾森豪威尔买不起书，但却充分利用了康纳丰富的藏书。在遥远的巴拿马，在康纳手下 3 年的研究生教育，造就了艾森豪威尔的整个军事事业。

康纳担任艾森豪威尔的导师，是军队职能以非正式的方式发挥作用的一个经典案例。福克斯·康纳给艾森豪威尔的最后一个建议是：虽然他们已经很久没见面了，他应该投靠乔治·马歇尔的门下。此刻，马歇尔已经崭露头角，在美国远征军中很有名气了。

命运总是在你刚刚对它有所熟悉的时候就再次发生改变。就在艾森豪威尔在巴拿马的任职结束之前，福克斯·康纳被调回华盛顿，担任陆军参谋长的首席副官。就在艾森豪威尔还不知道结束巴拿马服役之后他将要被调往何处时，陆军部传来命令，招他回到马里兰州的米德军营，而那里又是他和玛咪最不愿意去的地方，这个时候已经是 1924 年 9 月，距离艾森豪威尔离开巴拿马仅剩 3 个月的时间。

直到艾森豪威尔回到米德营他才终于明白调他回来的原因：第 3 军的橄榄球队需要一批顶尖的教练，艾森豪威尔被任命为后卫教练。他的朋友和同班同学弗农·普里查德担任首席教练。

作为一名军人却不是因为其杰出的军事才能，反而是因为曾经执教橄榄球队而得到重用，艾森豪威尔对此事深感不满。正当艾森豪威尔郁郁寡欢之时，没想到幸运之神却在一次降临到他的身上，3 个月后，他收到了到本宁堡报到的命令，他在那儿担任第 15 轻型坦克营的指挥官。

把艾森豪威尔调走是福克斯·康纳的策略，以便利用副官长办公室的空缺使艾森豪威尔得以进入莱文沃思堡参谋官学院。就这样，艾森豪威尔

一家又搬到了洛根堡附近居住。

能受到莱文沃斯堡的青睐,这对于艾森豪威尔来说无疑是一个巨大的喜悦。他先是兴高采烈,接着又感到深深的疑虑,原因是他从未念过步兵的课程,而莱文沃斯堡的成绩考核在陆军中又是出奇严格,甚至到了苛刻的程度。艾森豪威尔在喜悦过后又开始担心他可能难以顺利完成指挥参谋学院的学业。艾森豪威尔又恢复了他和巴顿在米德军营时的做法,一遍又一遍地做以前课程中的习题。他写信告诉巴顿,自己进入了莱文沃思堡,在此前一年,巴顿已经以优异的成绩从该校毕业。巴顿送给艾森豪威尔一份100页的详细笔记和各门功课的报告,这在后期的学习中帮了艾森豪威尔一个大忙。1925年8月,艾森豪威尔自信满满,决定弥补没去法国前线服役的遗憾,来到莱文沃思堡报到,开始了在指挥参谋学院一年的苦读。

历史总是给那些长期努力的人以垂青。艾森豪威尔以出色的学习成绩使他既成为有名的毕业生,也成为一名荣誉毕业生,而后者是名次靠前的25位毕业生才能获得的称号。

当艾森豪威尔以第一名的出色成绩从莱文沃斯堡指挥参谋官学院毕业之后的十多天,他就和玛咪、约翰一起回到了他在堪萨斯州的家乡阿比伦。在那里,艾森豪威尔家的6兄弟已经汇聚一堂,准备各自离家后的第一次全家聚会。

在1926年6月初,他收到了陆军部的返回本宁堡的命令。在去本宁堡报到以前,艾森豪威尔在丹佛和杜德一家度过了两个月的假期。1926年8月,这位已经开始有点秃顶的38岁军官走马上任,担任了第24步兵团的主任参谋。

幸运之神又一次青睐了这位福将。艾森豪威尔成为了步兵军官,他还没有想到,学习成绩将会对他的事业产生直接的影响。在此之后的很短一段时间,陆军部就给艾森豪威尔的上级发来一封信,信里面说艾森豪威尔将参加位于华盛顿市中心的陆军大学 1927~1928 年的课程。在本宁堡的任职对于艾森豪威尔来说无疑是非常短暂。1926 年 12 月,艾森豪威尔得到命令,调他到华盛顿的美国(赴欧)作战纪念委员会。艾森豪威尔一家于 1927 年 1 月搬到了华盛顿。虽然收入不多,但他们还是在漂亮的怀俄明公寓租到了一间有三个卧室的房子。

第一次世界大战使约翰·潘兴在美国变得家喻户晓,也使他成为一位民族英雄。无论他走到哪儿,都会立刻被崇拜者和祝福者团团包围。

在美国的历史上,各种机构层出不穷。潘兴创立了作战纪念委员会,这是一个很笼统的机构,其中一项工作是撰写美国在法国的战场手册。潘兴自从了解了艾森豪威尔的才华之后就特别对他青睐有加,虽然书面上没有表示,但是在很多社交场合,艾森豪威尔俨然已经成为了潘兴的非正式助手。1927 年的春天,艾森豪威尔得知他被选中去陆军大学上学。

五个月之后,艾森豪威尔到陆军大学报到,开始了所谓"绅士"的课程,在这里既没有考试,也没有班级排名。莱文沃思堡的目标是培养训练有素的高级参谋,而陆军大学课程的目的却是向这些未来的将军们展示"战争的宏大图景",并教给他们军队是如何组织、动员、补给和运用的。

青春因为朝气蓬勃才使人们有了奋斗的决心。命运在选择和被选择中波折前行。1926 年 6 月艾森豪威尔从陆军大学毕业以后,不得不面临着两项选择:第一个是潘兴还想请他返回作战纪念委员会工作,但是在艾森豪威尔的心里他不太想重新去做这项工作;第二个是接受参谋部的一个职位,这对于一个雄心勃勃的年轻军官而言是一份声望很好的工作。艾森豪威尔认真地权衡着这两个选择,他自然倾向于第二个选择。但是在玛咪的劝导下,1928 年 7 月 31 日,艾森豪威尔一家乘坐美利坚号班轮,从纽约出

发前往英国的南安普敦,玛咪的父母也陪同前往。艾森豪威尔对这份工作有很大的抵触情绪,但是因为妻子玛咪的极力赞成才不得不同意。

终于,艾森豪威尔这一次的任职即将在 1929 年 9 月结束。现在,摆在艾森豪威尔又有两了个选择:继续待在作战纪念委员会,或者去陆军部。1929 年 11 月,艾森豪威尔毫不犹豫地选择了去陆军部。

当艾森豪威尔在麦克阿瑟的手下工作的时候,这个新任的陆军参谋长对于艾森豪威尔的能力极其认可,甚至赞不绝口。

命运的安排,在人们成长的过程当中,除了自身努力的基本要素以外,每个人的成长都离不开朋友们的帮助。艾森豪威尔认为,他一生中有两个最重要的人,一个是道格拉斯·麦克阿瑟,另一个则是乔治·马歇尔。在艾森豪威尔的整个军旅生涯中,两位杰出的将军对其影响是巨大的,他直接授命于两位将军的时间长达 11 年之久。显然,艾森豪威尔是幸运的,因为两位将军在军事见解上可谓是具有前瞻性的,这在一定程度上也对艾森豪威尔在军事上的成就奠定了基础。

1930 年,国内和平主义的情绪甚嚣尘上,在无数和平主义者的推动下,促使国会成立了一个级别很高的战争政策委员会,任务是为政府制定战时计划,制定防止奸商利用战争牟取暴利的方针。这个战争政策委员会本来和艾森豪威尔没有任何关系,但不可否认这个世界的任何事物都存在着普遍的联系。正是由于艾森豪威尔在陆军参谋部的出色表现,于是该委员会的负责人运用关系将艾森豪威尔调到了委员会内部工作。虽然只是暂时的借调,但是还是令艾森豪威尔极其恼火,因为他认为自己成为了某些官僚作风的牺牲品。

在 1932 年的时候,四年一度的美国大选又一次轰轰烈烈地拉开了帷幕。在这一年的总统选举中,公众对 1929 年危机的激烈反应再次表现出

二战浪漫曲

来。富兰克林·德兰诺·罗斯福战胜了胡佛,民主党还赢得了国会参众两院的多数席位。当罗斯福集中精力恢复美国经济的稳定性的时候,很少有人注意到,在20世纪30年代混乱的欧洲出现的一个危险信号,一种名为"纳粹主义"的新威胁正席卷德国。当军队缩编、预算削减仍在折磨美国军队的时候,由一个默默无闻的前下士阿道夫·希特勒领导的"纳粹党"在1933年上台了,开始了这位独裁者统治的时期。

在华盛顿陆军参谋部的工作让艾森豪威尔开始显示出政治上的清醒,还有一个重要成果是艾森豪威尔拓展了自己对美国经济的认识,这不仅增强了对个人观点的信心,还为以后他入主白宫以及对整个美国经济大局上的了解都有很重要的铺垫作用。在麦克阿瑟执掌陆军部帅印后的不久,他也开始欣赏并利用艾森豪威尔少校的独特才华。虽然此时艾森豪威尔还隶属于佩恩办公室,但是在整个1932年,他越来越多地成为麦克阿瑟非正式的主要助手。艾森豪威尔正式成为麦克阿瑟的助理的时候已经是1933年的初春。

在麦克阿瑟手下工作的这些日子对于艾森豪威尔来说绝对算是一种巨大的考验和折磨。因为他必须付出超越以往的代价,这包括必须要承受长期的、持续的压力和经受麦克阿瑟很多令人匪夷所思的想法。

麦克阿瑟在结束陆军部参谋长的任期后,就决定让艾森豪威尔跟随自己去马尼拉。这么长时间在麦克阿瑟手下工作令艾森豪威尔吃尽苦头,说实话他早已经厌倦了这份工作。但是最终他还是答应了麦克阿瑟同他一起去菲律宾。艾森豪威尔最终作出这一决定的原因并不是出于可以获得较好的收入和得到一个他一直渴望的、到菲律宾服役的机会,而是更多地出于这样一个事实:下属无法对麦克阿瑟说不。

有人说时间是最好的催化剂,没有什么能够抵挡得住时间的侵蚀。那些生长的必将凋零,那些流动的必将流走,那些存在的也必将干涸。但有些人却不同,如果说20年的服役没有熄灭艾森豪威尔的热情,那么时光也同样没有改变他做出事业决定的方式。

离开华盛顿的那一天是1935年10月1日,艾森豪威尔怀着沉重的心情,踏上了联合车站的一列火车。

虽然菲律宾国内的经济状况不容乐观,但是奎松为了能让自己的手中掌握一支真正属于自己的军事力量是不遗余力。他不仅要付给麦克阿瑟等美国援助建设人才以高额的薪金,还要提供极其优越的生活条件。所以说,当时艾森豪威尔等人在菲律宾的生活是相当奢侈的。

正当艾森豪威尔在菲律宾殚精竭虑地为麦克阿瑟工作的时候,华盛顿的高官们却在处心积虑地寻求着怎样能在美国经济的转变过程中得到最大的利益。对于华盛顿来说菲律宾距离他们实在是太遥远了,遥远到几乎没有人会去在意他。所以,麦克阿瑟从一个高级的玩家变成了失败者。至于艾森豪威尔,他极端缺乏在部队中任职的经历,而到菲律宾工作,将使他获得这种经验。他在少校的位置上已经坐了15年,前途一片黯淡。身处遥远的马尼拉,每过一年,迅速改变前景的希望就小一分。

1936年,菲律宾决定训练自己的飞行员驾驶轻型飞机。在马尼拉郊外建立起一个训练场,两名美国陆军航空兵教官被聘来指导飞行训练。艾森豪威尔把菲律宾空军的成立视为一次伟大的机遇,因为自1916年以来,他一直梦想着能够自己驾驶飞机在广阔的天空中飞翔,现在他终于有机会去尝试了。

菲律宾从美国聘来的两位陆军航空兵分别是空兵中尉休·帕克和威廉·李。他们来自于美国陆军航空兵第7师,在未来的第二次世界大战中凭借各自对飞行的高超技术成为未来美国空军中的将军。艾森豪威尔让其中

一位飞行员顺便带他飞了一次,他立刻就被飞行迷住了。因为玛咪那时还在华盛顿,无法阻止他,于是艾森豪威尔在 46 岁时开始学习飞行。在 1939 年,艾森豪威尔获得了私人飞行员的执照。艾森豪威尔以高超的飞行理论和飞行实践成为一名不折不扣的优秀空军军官。艾森豪威尔学习飞行课程的过程真可谓是他的事业中值得纪念的精彩事件之一了。

1933 年,纳粹党已经成为了国会内的第一大党。正如艾森豪威尔所预料到的那样,德国是不会受到一战签订的《凡尔赛条约》的限制的。这样的一个国家,怎么能甘受欧洲大国的钳制呢?

1933 年,世界的格局出现了新的变化,1 月 30 日,希特勒被任命为德国总理。这是历史上的一个大事件,这为后来艾森豪威尔成长的时代留下了巨大的伏笔。

历史是不以人们的意志为转移的。1939 年 9 月 3 日,英国和法国两国同时对德国宣战,第二次世界大战爆发了。这时的艾森豪威尔正在国外服役,他毅然决然地决定回到祖国,肩负更重要的使命。

他的想法得到了陆军总部的批复。战争总是用硝烟弥漫的战火夺走一些无辜的人的生命。战争也使军人成为时代的骄傲。尽管身负着沉重的使命,但是此刻的艾森豪威尔有一种说不出的愉快。更让艾森豪威尔感到自豪的是自己的儿子约翰,通过一次长谈,艾森豪威尔明白了约翰心中的志向——西点军校。艾森豪威尔这时才发现,儿子犹如自己年轻的时候一样,具有远大的理想和抱负。内心感知这一切的艾克,望着约翰,艾森豪威尔感到欣慰了许多。

当英国的首相张伯伦向全国发表通告,宣布英国对德宣战的时候,他脸上的表情全都是苦涩的沮丧,正是因为他们的绥靖政策让德国日复一日地强大起来,时至今日他们终于尝到了自己种下的恶果。

远在马尼拉的艾森豪威尔通过一台短波无线电听到了这一消息,他对所听到的一切深感不安,艾森豪威尔认为,自己是该做一些建设性的事情以挽救自己的事业了。自1927年以来,他一直在为潘兴、莫斯利和麦克阿瑟辛勤工作。虽然他名声卓著,但事业却并不发达。他转而求助于同事马克·克拉克。艾森豪威尔和克拉克最初是在西点相识并成为朋友的。

毫无疑问,艾森豪威尔拜访克拉克绝对是一个明智的举动。两个人不仅重叙他们友谊,而且还使他们两人事业得到了巨大的转机。克拉克绝对是一个很好的朋友,为人坦诚重诺,不管任何场合他都会利用每一个机会去赞美艾森豪威尔的优秀。虽然不能说没有克拉克对他的强有力的宣传,艾森豪威尔将永远不会被人"发现",但是可以肯定,克拉克的声音正好在一个恰当的时刻被高层听到和注意。

在愈演愈烈的欧战大背景下,没有人能预知到自己的国家会不会卷入到这场战争中来,所以唯一的做法就是预防它的到来。

虽然直到1940年,夏季国会建立了义务兵役制后,才开始征召士兵,但是马歇尔已在此之前开始着手训练并计划大规模的演习。

又是一个春天,鲜花盛开的时候。1940年5月,法西斯德国以迅雷不及掩耳之势的闪电战攻击了法国。使世界大战的范围进一步扩大。几年来一直被法国人视为生命线的马其诺防线在德国军队的眼里只是一个微不足道的障碍,他们只需绕过它就可以兵不血刃地进入法国。在巴黎即将陷落的时候,法国政府请求停战。

虽然美国仍然沉浸在沾沾自喜和孤立主义之中,但世界大战的枪炮声让那些有胆识的军人不得不头脑清醒。在世界范围内,美国必须作好战争的准备,这就意味着,必须要发现和提拔那些最优秀的、能带领部队战斗的人。

1940年底,艾森豪威尔的工作能力受到了青睐。在陆军部作战计划部担任副部长的杰罗给艾森豪威尔发来一封简洁的电报："我需要你到作战计划部来。你真的十分反对到参谋部来工作吗？请立刻回电。"

时势造英雄。1940年11月，第3师的师长任命艾森豪威尔为参谋长。虽然担任参谋长使他成为师里的高级军官和师长的左膀右臂，但是并没有改变他对参谋工作的厌恶，他想指挥自己的部队，哪怕只是一个班也好。

战争总是让那些令祖国骄傲的儿女们迅速成长。1941年3月，艾森豪威尔被晋升为上校。他认为，取得如此尊贵的军衔，是一个值得庆祝的成就。随着晋升而来的是另一次调动，这次是在第4军做同样的工作。第4军的基地也在李维斯堡，司令官是巴顿的导师，一位名叫凯尼恩·乔伊斯的著名骑兵将领。

时代为人们的成长提供了更广阔的舞台。1941年6月，克鲁格尔直接给他的朋友乔治·马歇尔写信，急切要求调一位新的参谋长来。"在我看来，这个职位需要一个比较年轻的人，视野广阔、思想进步，精通管理陆军的各种问题。步兵部队的德怀特·艾森豪威尔上校正是这样的人，我迫切需要把他调到萨姆·休斯敦堡来，担任第3集团军的参谋长。"马歇尔和陆军部批准了克鲁格尔的请求，于是一封电报发到李维斯堡，命令艾森豪威尔立刻去圣安东尼奥报到，在此期间，每天工作10几个小时是很正常的，而家只是一个吃饭和睡觉的地方。后来艾森豪威尔回忆说，这是"我一生中最忙碌的时期之一"。

艾森豪威尔和克鲁格尔是一对理想的搭档。艾森豪威尔具有克鲁格尔所需要的丰富的参谋经验，毫不畏惧即将到来的演习的挑战。经验和远见是克鲁格尔所寻找的素质，而他的新任参谋长二者兼具。

在敦刻尔克撤退以后，随着德国相继占领挪威、丹麦、希腊和克里特岛，英国又遭受了一次军事上的惨败。英国本土被德国海军封锁，虽然皇家

空军赢得了不列颠空战的胜利,阻止了德国的入侵,但是英国的前景仍然不妙。在北非,希特勒的远征军,也就是隆美尔将军的非洲军团给英国的第8集团军造成了一系列的沉重打击。1941年6月底,希特勒撕毁《苏德互不侵犯条约》,开始进攻苏联。

苏联的形势一时变得很严峻,要不是德国对1941年至1942年的冬季缺乏准备,苏联很有可能被希特勒的大规模入侵所征服。如果希特勒了解拿破仑的战役,那么东线的战争可能会是另一个样子。然而他还是犯了和拿破仑一样的错误:进攻开始得太晚,没有为俄罗斯冬季的严寒做好准备。红军依靠几条微弱的战线,终于坚持到冬季的到来。冬季使希特勒的进攻被迫终止,直到1942年春季。

在田纳西、路易斯安那以及秋季在卡罗来纳山举行的大规模的师、军、集团军的演习,贯穿了整个1941年。马歇尔宣布,即将在1941年秋举行的路易斯安那演习相当于部队领导的一所作战学校和一所战场实验室的汇总报告,检验自1918年以来已经充分发展的新式装甲部队、反坦克部队和空军。1941年的一系列演习导致了无情但又必要的肃清,到年底,数百位高级将领被强制退休。艾森豪威尔参与了这个艰难而有意义的过程,他以自己的身体力行和长期的参谋经验,提高了第3集团军参谋部的共识和稳定性。艾森豪威尔的表现赢得了人们的承认。他后来说,在路易斯安那演习中得到的经验是"无价之宝"。

马克·克拉克负责指导对路易斯安那演习的评价。在这项工作接近尾声的时候,他收到一份陆军部发来的电报,上面是被罗斯福提升为少将以及20名从上校提升为准将的军官名单。意料之中地,艾森豪威尔的名字在其中。克鲁格尔把准将的银星别在了艾森豪威尔的肩章上,然后,这位新将军骄傲地接受了阅兵式上对他的敬礼。

1941 年 12 月中旬,艾森豪威尔乘机抵达华盛顿。马歇尔等着艾森豪威尔,并对他的到来表示十分欢迎。

艾森豪威尔知道此行的目的,因此他们在简短的寒暄之后,分析了世界各国的政治军事形势,并简要地介绍了太平洋的形势。在这样的非常时期,马歇尔急切地想知道艾森豪威尔的看法,确切地说是要得到有价值的看法和谋略。

经过了一夜的不眠,艾森豪威尔拿着自己的作战计划来到了马歇尔的驻地办公室,马歇尔迫不及待地开始看起了这份等待已久的作战计划,看过之后,马歇尔对艾森豪威尔的作战计划非常赞同,并且命艾森豪威尔全权负责作战处在亚洲地区的工作。马歇尔虽然不苟言笑却有着非凡的敬业精神和高度的责任感,在工作中总是给部下以充分的信任和支持。

1942 年初,欧洲战场形势发生了很大的变化,战事朝着越来越不利于盟军的一方发展,这时,艾森豪威尔建议向法国海岸进行直接攻击。艾森豪威尔经过一番深思熟虑之后,拟定了一份代号为"围捕"的行动计划。这个时期,美国大本营的陆军总长由马歇尔担任。艾森豪威尔的这一计划得到了马歇尔的支持。当时的法国,已经被德国攻陷。艾森豪威尔在回国途中的所见所闻令他内心有些失望,他开始改变了以往的一些看法和计划,主张和战区指挥部在工作上应当实施绝对统一,此外战区司令应集合训练和指挥自己所管辖战区的美国海陆空三军部队。当艾森豪威尔将这一计划以书面的形势呈交给马歇尔的时候,马歇尔对这一计划很满意,并决定实施。

几乎与此同时,发生了一件令艾森豪威尔更为惊喜的事情,罗斯福总统命艾森豪威尔出任欧战区总司令。从一个名不见经传的营长,通过不懈的努力和艰苦的磨练,他终于踏上了一个更高的起点,未来之路,等待他的将是更大的挑战,内心无比激动的艾森豪威尔觉得自己终于可以放手大干

一回了。

6月24日,艾森豪威尔抵达英国,并于第二天向记者宣布他被任命为驻英国美军司令。被艾森豪威尔特殊的职位以及他独特的作风所吸引,大批记者前来采访,无论是报纸还是电视台,都对艾森豪威尔进行了大量的宣传报道,一时之间,艾森豪威尔成了众人议论的焦点。通过这个事件,艾森豪威尔得到了英国首相丘吉尔的注意,也为未来他在国际舞台是崭露头角打下了基础。与此同时还与英国公众建立起了良好的关系。

可惜的是,他与英国军方的合作并不顺利。艾森豪威尔领导制定1942年的作战计划"大锤"行动,英国军人并不支持"大锤"。而是建议进攻北非在1942年的合理时间。因为此事,马歇尔与英国军方争论了几天。最后,双方无休无止的争论并没有达到理想的效果,美国方面只能尊重对方,不得不在进攻北非的问题上与英国方面进行合作。

老练的丘吉尔在和美国人谈判的时候考虑得非常全面,所以美国人不得不做出让步。虽然自己倾注全部心力打造的计划惨遭搁浅,不过,让艾森豪威尔欣慰的是他终于第一次得到战场指挥权,这是他多年来梦寐以求的机会。这个机会对于艾森豪威尔来说是太重要了,因为他不仅可以积累大量的实战经验,而且还可以把他多年来的训练到战场上得以检验。所以,艾森豪威尔答应了丘吉尔的要求。

在北非战场上,海军是重要的一支力量。艾森豪威尔指挥着自己的部队,远道而来。在当时的法属北非与英军汇合。实现军事上的重要计划,登陆阿尔及尔。完成"火炬"行动。部队在行军中,遇到了巨大的阻力,海面上的巨浪,让士兵们在冰冷的海水里度过了两个昼夜。进而登陆以后,他们又遇到了北非的风沙。在北非,每年旱季到来的时候,暴风卷着狂沙,模糊了人们的视线。别说战斗,就是生存都成了问题。在这种艰难地考验之下,艾

二战浪漫曲

森豪威尔的军队执行着铁一般的纪律，一往无前。就在大战总攻的几个小时之前，英军首领吉罗找到了艾森豪威尔，他直截了当地对艾森豪威尔说:"艾克,我觉得应该有你来指挥´火炬´行动。"这让艾森豪威尔大吃一惊。因为艾克从来没有指挥联军战斗的经验,特别是海陆特混舰队。可是军情紧急,容不得艾克犹豫。他必须无条件地接受这个重要的历史使命,并把战场分割指挥权下达命令。

战斗中,调动指挥员的主观能动性是提升战斗力的重要手段。艾森豪威尔把东部英美联军的特混舰队交给英国布罗斯少将指挥。"中部"交给美军弗里登少将指挥。"西部"特混舰队,由美军巴顿少将指挥。在总攻的形势下,没遇到强大的抵抗力量,只是遇见了零星的小股阻碍势力。部队从东、中、西全线推进。其中西线队伍推进迅速,天亮前抵达摩洛哥海岸。美军分别在卡萨布兰卡附近的奥特港、萨菲和费达拉登陆,并很快地占领了立足点。在有些地点,登陆部队根本未遇抵抗。

巴顿将军占领了一战重要地点卡萨布兰卡。卡萨布兰卡虽然是一个小城镇,但是却在世界战争史上有着举足轻重的位置。每一次战役,卡萨布兰卡都会血流成河,死伤无数。这次,没遇到有效地抵抗,实属意外。巴顿将军也迅速地把登陆的消息向总部汇报。巴顿将军从卡萨布兰卡的战役中虽然没遇到抵抗,可是却在二战的历史上开始成名。这位后来的天才将军正式从这次小的战争中开始了他的传奇人生。艾森豪威尔对卡萨布兰卡的时局做了深入地分析,并命令部队在高度戒备中调整休息。

夜晚,总部的灯火彻夜通亮,艾森豪威尔也为卡萨布兰卡的胜利而感到兴奋。因为这场战斗的胜利使部队处于有利的态势。为后来谈判桌上的谈判取得了有利的筹码。

果然,历史总是以另一种常人意想不到的进程走向必然。在阿尔及尔,

艾森豪威尔与法国上将达朗举行了谈判,在艰难的过程当中,双方达成了协议。

这协议本身由于很多复杂的条件,让很多人难以接受,丘吉尔声称协议简直是难以接受,罗斯福也表示不能接受。协议让几个参战国的领导们都表示了不满。这个协议不仅法国抵抗运动,戴高乐将军不满,丘吉尔首相也表示不满,罗斯福总统也不赞成。这让艾森豪威尔骑虎难下。可是,历史总是让人在摸不着头脑当中找到转机。不知何故,达朗在圣诞节的前夜被暗杀了。达朗使艾森豪威尔的谈判协议成为了废纸一张。从此接到总部命令的艾森豪威尔把全部精力都投入了突尼斯的战斗上。这个时期,马歇尔和艾森豪威尔心心相通。马歇尔在国内做了大量有利于艾森豪威尔的说服工作。使得美国总统罗斯福及时地了解了北非战场上的真相。从而美国总部对艾森豪威尔的工作得到了认可。重回战场上的艾森豪威尔在突尼斯战斗中找打了新的机遇。军人就是以战场的胜利作为自己成功的佐证。艾森豪威尔亲自调动部队,把部队的后勤补给线作为重中之重。

时间到 1943 年 1 月的时候。这个季节的突尼斯处于寒冬当中,前线的攻势由于恶劣的天气暂缓了。由于气候的变化,部队的补给就越来越困难了。这个时期,国内的后援支持显得尤为重要。1943 年的 1 月 15 日,战事稍加平顿,为了争取国内的后援,艾森豪威尔不顾远道而行,急于要求与丘吉尔首相和罗斯福总统见面。

在卡萨布兰卡的恶劣环境中,美国后援由马歇尔将军调停。英国的第八集团军抵达突尼斯,由艾森豪威尔指挥。英、美两国领导层一致认为让艾森豪威尔继续执行"火炬"计划。部队在战斗中不断地成长,英美联军也渐渐地习惯了北非当地的风土人情以及气候。

战斗中,人们总是得到了一次又一次用胜利证明自己的实力的机会。

1943 年 2 月 11 日,艾森豪威尔被荣升为上将军衔。这一晋升对艾森豪威尔来说简直太重要了,这是当时美国历史上军人的最高荣誉。在 1943 年,只出现两名上将,那就是马歇尔和艾森豪威尔。对于一个军人来说,这是后方支援团给艾森豪威尔的最高奖赏,这让艾森豪威尔不禁感慨万分。

战场的形势瞬息万变,盟国空军的大大加强使得优劣渐渐明了,加之各方面的供给和及时的补充,使得盟军人心所向,士气高昂。与此同时,德军的供给线却出了问题。一些雇佣军各怀心腹事,每一股势力都想着撤退和逃亡后的事情。在这种情况下,战争的胜负就显而易见了。春季,艾森豪威尔组织了大规模的两次攻势。使得突尼斯的轴心国部队溃不成军。到了 1943 年 5 月 13 日,轴心国的部队已经无力抗衡正面战场的盟国部队。宣布投降。盟军在此次战役中损失在 7 万人以上,其中 1 万多人阵亡。而敌军在这次战役中伤亡投降人数达 30 万之多。北非的战场以艾森豪威尔的胜利宣布结束。轴心国的闪电战在北非战场失去了作用。雇佣军纷纷投降,四处逃散。正面的轴心国主力部队失去了全面的组织功能,只有一些小股部队抵抗着,可惜已经无力回天。

原本众说纷纭的艾森豪威尔将军用北非战场的胜利证明了自己的一切。艾森豪威尔将军在突尼斯获得了一次巨大的成功。当然由于此次成功,来自各方面的祝福让艾森豪威尔应接不暇。

世界的形势以战场的实力重新规划了格局。1943 年,艾森豪威尔在北非战场的胜利为全世界反法西斯战争的胜利奠定了坚实的基础。盟军让轴心国在突尼斯北非的土地上,遭受了重创,彻底失败。在这样的形势下,1943 年 1 月英美决定制定地中海战区的后续走向,并决定在卡萨布兰卡举行首脑会议。这次会议是吹响反法西斯进军号角的一次会议,是世界人民反法西斯战场上的一个里程碑。

　　到了 1943 年 1 月,英美参谋长联合委员会召开。此次会议决定于 1943 年 7 月之前进攻西西里岛,开始向轴心国另一个重要伙伴意大利进攻。当时,意大利的总理墨索里尼和希特勒打得火热,是世界法西斯轴心国阵营的重要伙伴。向西西里岛进军,开辟意大利战场,是盟军的又一重要部署。当时,西西里岛上驻有轴心国总兵力 82 个师和 8 个旅。兵多将广,总司令凯塞林元帅手下还有德军部署的 7 个师,2 个旅,飞机、军舰应有尽有。为阻碍盟军队伍频繁地调动。北非突尼斯失利以后,让轴心国的领导层大为恼火。凯塞林元帅也曾经设想重新夺回突尼斯的重要战略位置。

　　盟军也在积极的布置兵力和作战力量,为登陆准备着。德意军的抗登陆准备也是争分夺秒地进行着,轴心国的空中作战由于受到各方面的限制,所以并不占优势,西西里地面防御部队凭借着良好的地理环境和海上的天然屏障对防守十分有利,再加上由于北非的失利,墨索里尼已经认识到了西西里岛可能将会有一场大的战役。所以,做了全线的部署。这一时期,美英的情报部门,还制造了一个烟雾弹,放出了虚假的"肉馅"情报,让轴心国的部队上当。情报被希特勒截获,情报的内容是:盟军开辟另一处登陆地点,而矛头并非西西里岛。这个情报虽然是假情报,却蒙骗了希特勒的大本营。希特勒与墨索里尼都认为这个情报有一定的真实性。所以,进行了多重的防御准备。这也使有限的力量过于分散。"肉馅"情报,曾经被党卫军希姆莱看出破绽,可是希姆莱为求自保,只是把这些破绽写在自己的日记中,没有及时地在军事会议上提出来。在事后,人们关于二战总结时,惊人地发现,实际上所谓的"肉馅"情报早已经被希姆莱识破。如果按照希姆莱的设想,盟军的损失不可估量。可是希姆莱的想法没有公开,这为盟军留下了千载难逢的机遇。当盟军的部队千军万马、大兵压境的时候,虽然墨索里尼也认为主攻方向可能是西西里,可是受到"肉馅"的迷惑,他不得不在北部方向也调整了部队,做了大量的防御准备。这样,多中心也就没了中心。为后来盟军的进攻赢得了时间。

　　在盟军即将开始登陆战役的时候,西西里岛的守军约为25万人,其中,拥有无敌神话的德军装甲师团有2个师,号称德军的王牌部队。而这2个师由于构筑工事少和地理情况不熟等原因,导致战斗力极其有限。其中德军的机械化师没有和意大利当地的实际情况相结合,这是第二次世界大战中戈林的第一次败笔。虽然这位一战时德国人眼中的飞行"英雄",身经百战,但是在战争的实践中,却显现出他好大喜功、指挥能力平庸的弱点。2个机械化师以及其他兵力4万人,分散在绵延200公里的海岸线上,显得兵力十分有限,而大部分的兵力都布置在了岛西北。实际上,在盟军开始总攻的过程当中,岛的全部防线都被盟军分割。这一时期,戈林还胡乱地指挥,没有把大量的飞机投入到战备状态。致使战争打响时,绝大多数影响制空权的飞机成了摆设。盟军除了海上攻击以外,盟军出动了大量的飞机,分东、南、西、北四个方向向意大利战场进攻,严重地影响了轴心国领导层对盟军攻击的真实目的的猜测。当墨索里尼确信西西里为盟军的主攻方向时,他已经陷入千军万马的重围之中。盟军一面派海上部队围剿西西里,一面派出了大量的地面部队,强行通过海滩登陆。所有的部队同一时刻向西西里发起了总攻,使得凯塞林的部队首尾不能兼顾。再加上他与戈林各自为政,谁也调动不了谁的部队。战争打响时,戈林心中想的是怎样保存实力,而不至于使自己的部队全军覆没。由于在意大利本土作战,后勤补给也时常出现问题,这也涣散了戈林部队的军心。他的机械化部队还没弄明白他们为什么跑到西西里来作战,就稀里糊涂地上了战场。大大地影响了部队的战斗力。

　　盟军在作战过程中,先夺取了西西里岛南部的班泰雷利亚岛和马耳他

岛附近的果佐岛。这两个看来不起眼的小岛,成为了盟军攻击西西里岛的两个大本营。后方的补给线通过这两个岛源源不断地供应给前方的部队,使得部队的物资得到了充分的保证。在主攻的同时,盟军采用优势的空军兵力,着重轰炸西西里岛上的机场,由于情报得利,轰炸目标极度准确,使得戈林的空军没有发挥应有的作用。这也为西西里岛战役取得根本性的胜利提供了可靠的保障。

战争进入焦灼状态,戈林的后方支援出现了断节,少数的雇佣军全线崩溃,撤出了战斗。为盟军的大范围进军让出了缺口,使得盟军的前头部队迅速登陆、集结,向纵深挺进。这一时期,同盟国的各位将军各显本领。巴顿、蒙哥马利和我们的主人公艾森豪威尔的聪明才智,都得到了淋漓尽致的发挥。虽然有的将军不在战场上,但是他们的遥控指挥能力却丝毫没有减弱。

为了蒙蔽轴心国,盟国将运输部队的船只伪装成往来于地中海的商船,导致大量的地面部队得以成功地运输。这一时期,地中海上的船只穿织如梭,各种运输船大量云集。轴心国和盟国普通的商船都往来于地中海各港口之间。轴心国虽有盘查,但由于人手有限,打击不利。致使很多盟国的军队混迹其中,得以成功地往来运输。

战斗中,美国士兵由于长途远征,有一些人水土不服,还有一些人由于不适应长期的海上生活,在进攻过程当中,出现了呕吐等症状。战斗还没有进行,就出现了一些非正常的减员事情。船行大海,开弓没有回头箭,艾森豪威尔的部队虽然割舍不下这些自然减员的士兵,但是还是把他们集中安置,其余部队一往无前。部队虽然减少了人数,但战斗力没有削弱,因为他们的对手也是劳师远征,同样出现了非战斗减员的现象。这一时期,决定战争的胜负的关键,靠的是意志和品格。在有效的时间内,人们坚定的意志为战争的胜利提供了有力的保证。

二战浪漫曲

在茫茫的大海上,轴心国部队派出了多艘侦查潜水艇,但是,都及时地被盟军的队伍反击。其中"布朗泽"号潜艇还被盟军所俘获。这使得轴心国的大本营没有得到盟军进攻的真实情报,导致慌乱应对,队伍溃不成军。有一部分队伍虽积极应对,可是又被摸不着头脑、从天而降的盟军伞兵打得不知进退。西西里岛上成了刀光剑影的海洋,死伤无数。

西西里岛上有一个重要的要塞,叫卜利马索尔大桥。由于桥头堡上有坚固的工事,所以盟军和轴心国的部队在这所大桥上展开了激烈的拉锯战,盟军在激烈的战斗中,也付出了沉重的代价。就在久攻不下的过程中,英军先头部队的空降兵及时赶到,轴心国作战部队的背后使得卜利马索尔大桥守卫的意大利军队两面夹击,弹尽粮绝。在极端不情愿的情况下,终于撤出了卜利马索尔大桥的桥头堡。这也是西西里战役中最惨烈的一次战斗。

在进军的过程当中,英美同盟国的部队相互支持,在巴顿、蒙哥马利的指挥下,不断地前进。艾森豪威尔充当了这次进攻的指挥之一。在战斗中,轴心国的部队由于比较熟悉地形,有很多防线可以利用,导致着同盟国的部队经历着胜利、失败的交替之中。战斗中,今天这个阵地是属于你的,明天就属于别人的,这种情况经常发生。可是由于轴心国内部矛盾不断地升级,墨索里尼没有等到希特勒新的援兵。1943 年 7 月 25 日,墨索里尼被软禁了。这个历史事件使得轴心国在意大利本土上的作战士气大降。

8 月初,队伍得到了补充,英美从北非调来了新的力量。在增援的强大阵势下发起了全线总攻,东部重镇卡塔尼亚于 8 月 5 日被攻占。美军更是节节胜利,推进到了尼科西亚,面对英美两军的夹击,德军即将被包围,德军为避免被围,不得不撤向阿德拉地区。英美盟军在战斗中,于埃特纳火山附近会师,使得意大利境内的德军残部仓皇溃退。整个西西里岛被盟军所占领,西西里岛战役就此结束。

盟军在西西里岛取得的巨大胜利,使得盟军战斗机的作战半径一度扩大到欧洲本土。艾森豪威尔开始向意大利全境内的轴心国法西斯发动了全面的进攻。在战场上不断失败的压力下,9月4日,史密斯和卡斯泰拉诺宣布临时双方停止战斗。艾森豪威尔的部队得以短期休整。

一个新型的、大胆的计划在盟军的总指挥部孕育而成。诺曼底登陆是世界反法西斯战争中重要的历史里程碑,这一时期的重要历史事件不断产生。1943年6月26日,诺曼底登陆的计划开始制定。

此后,盟军统帅将1944年6月5日定为登陆日期。日期选定后,接下来便是确定盟军最高司令的人选,根据罗斯福总统的意愿,陆军参谋长马歇尔无疑是最佳人选,但马歇尔必须留在华盛顿统筹协调,那里更需要他,所以在马歇尔的推荐下,这一职位最终落到了艾森豪威尔头上,于是,他成为了历史上世人瞩目的人物。

德军想凭借防御工事来抗击盟军的登陆,也就是后人俗称的"大西洋壁垒"。不得不承认,这是一种高明的未雨绸缪的做法,但由于种种原因,德国用了将近三年的时间,却只在加莱地区基本完成了这一防御工事,而在塞纳河东西地区只完成了一部分。

就在盟军开始诺曼底登陆的时候,轴心国法西斯德国统帅部的总指挥隆美尔却在千里之外,给他的妻子过生日。诺曼底登陆战打响之时,德军现场并没有权威的指挥人,使得部队慌作一团。虽然,诺曼底登陆经过得时间比较长,滩头行军部队有些死伤和减员,但应有的战斗力却是空前的。

在诺曼底登陆中,盟军投入了在欧洲的全部空降兵力,他们的目标是阻止敌预备队的增援,海上的部队运输源源不断,并配合路上登陆,前后呼应,队伍不断地前进。德军的防线根本没有起到应有的作用。

盟军利用昏暗的夜色和天气的影响,迅速占领各个军事要点。在激烈的

战斗中,盟军由于立足未稳,也曾遭受德军坦克及炮火的狂轰滥炸。但是,由于缺少统一的指挥,抵抗毫无系统性可言,局部抵抗已经不起作用了。

6月5日23时,由17000多人组成的空降师的突击梯队,分乘1000多架运输机起飞,艾森豪威尔亲自到机场为出征士兵鼓舞士气,尾翼涂有三道白杠标志的飞机,在高空形成品字形密集队伍,场面非常壮观。由于群情激奋,队伍受到了必胜的信心的感染,战斗中队伍一路前进。

诺曼底登陆以后,德国法西斯总部受到了威胁。为了加强部队的统一指挥,希特勒将西线的指挥权交给了隆美尔。隆美尔的坦克装甲师团从200公里以外,呼啸而来。一路的奔波疲乏,在加上盟军的狂轰滥炸几乎已经溃不成军,隆美尔本想凭借这支队伍进行大规模的反攻,无奈这支失去信心的队伍已经无力抵抗盟军的海军和空军,在战事中一直处于难以逆转的劣势。

当天下午,艾森豪威尔随部队抵达诺曼底,视察登陆的滩头,在此过程中,他发现了一个很重大问题,也就是德军的死穴,他命令部队及时攻占巴约。

6月8日,德军对盟军进行反击,他们出动三个装甲师向卡昂地区发起猛攻,这里是英军和加拿大军队的结合部位。对于德军的这次行动,盟军已经早早做出了准备。尽管德军这次派出三个装甲师,而且来势凶猛,但是,盟军也对其实施了毁灭性的打击,结果德军不得不因损失惨重而停止进攻,采取固守等待救援。德国陆军元帅隆美尔和龙德施泰德此时已经意识到,要试图重新把盟军从陆上赶回大海,是无论如何也做不到的。此时,美军和英军取得联系,把两地之间的缺口封闭了。

6月11日美军5军与第7军取得联系,这两支军队的成功会师对德军造成了极大的威胁,德军自然明白这一点,所以在接下来的行动中对美军进行了激烈的进攻。次日,美军攻占卡朗坦。部队分兵协作,共同向纵深推

进。战事终于有了决定行动进展。在接下来的几天时间里,共有 30 多万人和 4 万多吨物资被输送到这片登陆场上。

在向纵深发展的过程当中,由美军担任主攻,夺取瑟堡。队伍不断地向瑟堡中心地带推进,但是轴心国依托地形,节节阻击,导致美军的攻击速度大大受阻。与此同时,英军在蒙哥马利的指挥下,迅速地向卡昂猛攻。攻击的密度和炮火都是前所未有的。另德军只有招架之势,没有还手之力。

战事一直朝着有利于盟军的方面发展,德军虽然几乎一直处于劣势,但隆美尔并不甘心就这样任由盟军发展,开始着手调整部署,但一切似乎已经太晚了,还没等他调整好,盟军就先发制人发起了猛烈进攻,使得隆美尔的计划几乎彻底被打乱,这种混乱的场面为美军攻取瑟堡提供了有利的保障。

这时,希特勒下达指示,必须死守瑟堡,全力阻止美军。但此时隆美尔却清楚的知道,自己目前的兵力和装备几乎是不可能抵挡的。为了保存有生的力量,在大势所趋的情况下,隆美尔做出了另全局溃败的决定。

战斗中,相互沟通的信息情报是极其重要的,隆美尔没有接到希特勒的命令,而是根据自己的意向迅速南撤。他的撤退为盟军打开的通向胜利的大门。盟军乘胜追击,队伍迅速向前推进,短短几天时间,美军便有三个师推进到瑟堡附近。至此,盟军已经看到胜利的曙光。

在战斗的过程当中,盟军大打心理战,通过对德士兵的德语广播,敦促士兵投降。党卫军组织的纳粹军队还是进行了殊死的抵抗。致使盟军打开诺曼底登陆以后,有一些战斗是处于焦灼状态的。盟军也因长途跋涉,队伍的战斗力有些下降。可是,源源不断的后续兵力成为打败德国法西斯的重要力量。6 月 25 日,美军占领了瑟堡。

就在第二天,蒙哥马利指挥英军第 2 集团军发起对卡昂的进攻。当天中午蒙哥马利顺利占领了舍克斯。次日，英军经过一番艰苦卓绝的战斗后，顺利占领劳良。盟军队伍快速向纵深发展，大大鼓舞了战场上的战士们的士气。使得纳粹政权摇摇欲坠。

6月29日，德军奋起反攻，组织五个装甲师，对英军发起反攻，正在这时，盟军的空军出其不意地对德军装甲部队发起猛攻，使德军的攻势被瓦解，英军的一个装甲师趁此机会，占领了战略位置至关重要的112高地，鉴于112高地的重要性，德军集中所有炮火进行全力反击，最终夺回了112高地。

从诺曼底登陆日一直到七月初，盟军一共有100万人和将近60万吨物资、20万部车辆登陆。两天之后，盟军向登陆场正面的德军发动了猛攻，但因为一系列客观条件的限制使得盟军的进展很缓慢，在盟军前进的路上，德国的地形有许多障碍，还有一些德军撤退时埋下的地雷，因此盟军伤亡也很惨重。在12天的时间里，盟军总共伤亡约10000人，而部队向前推进了还不到12公里。这12公里是鲜血和白骨换来的每一寸土地。

在战争的硝烟中，战场的形势瞬息万变。战事不容乐观，盟军发起了势如破竹般的进攻，却遇到了轴心国顽强地抵抗，个别战场相当惨烈，极大地影响了盟军的推进速度。7月6日，在巴顿的率领下，直属盟军最高司令部指挥的美军第3集团军踏上了欧洲大陆。面对着这一具有极强突击力的集团军，希特勒不得不出军以抗击美军的攻势。他把德军中的精锐党卫军装甲教导师派遣到维尔河地区，但是战事并不尽如人意，尽管该师骁勇善战，可还是阻止不了美军的步步推进。战争中，敌我双方都是为了各自的利益进行殊死搏斗的，没有哪场战争是所向披靡，一挥而就的。就在这种战斗中，双方都付出了血的代价。而正义之师必将获得战争的最后胜利。符合人民的愿望，符合历史的客观发展规律。

由于在此之前的进攻比较顺利,7月11日,西线的美军开始进攻,目标是诺曼底地区交通要冲圣洛,德军当然明白圣洛的重要性,因此拼死抵抗。圣洛是一个战略要地,占领这个地方的意义极其重要。美军的第一轮进攻遇到极大的阻碍,被迫停顿下来,准备伺机发起第二次攻击。为此,美军准备了充足的弹药,而这时德军正面临着人员、装备、弹药严重匮乏的状况,虽然守军顽强抵抗,圣洛的战事极其惨烈,失衡遍野。德军也曾派出部队援救圣洛,可是由于盟军的阻挡,没有部队到达圣洛,德军终因孤立无援而导致圣洛失守。美军虽然占领了圣洛,然而代价也是异常惨重的,有近4万人在这场战役中伤亡。战争总是残酷的,敌我双方都会付出血的代价,而这种代价的付出认证了一个真理:和平是最宝贵的。

盟军在诺曼底取得的巨大胜利,重重地打击了德国法西斯。毋庸置疑这绝对是自1939年9月以来世界反法西斯同盟所取得的最伟大的胜利之一。加快了世界人民反法西斯战争的进程。自此以后,盟军以诺曼底为跳板,源源不断地将无数的军队、武器、食品、衣物输送到欧洲大陆上。一直到战争结束。

1944年对于艾森豪威尔来说似乎是一个很幸运的年景,在这一年的12月16日,是一个值得记录的日子。艾森豪威尔将军被授予五星上将军衔。他的军事才能,在世界反法西斯战场上得到了认可,也赢得了世界各国人民的尊敬。

1945年,在德国战场上,盟国的部队节节胜利。但是,纳粹抵抗仍然存在。而此时大部分德军部队瘫痪了,德军的最高统帅部实际上已经不存在;本来连贯的防线也已支离破碎,物资的匮乏和军心的涣散使德军处于一种不攻自破的境地。在战斗中,一些残余势力仍不甘心自己失去的政治历史舞台,他们仍然千方百计地破坏着盟军的驻扎与生活。然而,艾森豪威尔的军队,都有着严明的纪律。对战俘以及对德国老百姓都有严格的政策。艾森豪威尔的部队,在盟军中拥有着崇高的威信。

战争的最后阶段,艾森豪威尔已经很少出面,除非是集团军级作战单位有重大调整和调动,这一迹象表明盟军已经胜券在握。他的主要精力集中在部队的调派和军事力量的重组,以及部队的后勤补给等工作。到了1945 年 4 月 18 日,交战的双方,通过激烈的炮火,让德国法西斯打起了白旗。经过连年的战乱,士兵的心里也出现了厌战情绪。面对着大势所趋的形势,德国一共有 30 多万名德军缴械投降,这是此次战争中最大的一次集体投降。

1945 年 4 月 30 日,希特勒自杀身亡。1945 年 5 月 2 日,苏联红军在经过近一个月的激烈战斗,终于在这一天占领了德国的首都柏林,并在国会大厦上插上了胜利的旗帜。

眼看战事急转直下,德国置于极其被动不利的地位。5 月 4 日,尽管德国海军在邓尼茨的指挥下,还想负隅顽抗。但是艾森豪威尔用自己部队的炮火让邓尼茨的希望彻底破火。此时,德国战场上,德军已经全线溃败,再也组织不起有效的抵抗,邓尼茨已经没有再讨价还价的实力,他知道德国的失败已经是注定的了,只好无奈地授予约德尔全权,按照盟军开出的条件签字。

如今,战争终于结束,昔日不可一世的德国法西斯宣布投降,全世界人民再次迎来和平的曙光。

和平的出现,是战士们在反法西斯战争中浴血奋战的结果,也是战场上那些将帅们贡献出聪明才智所换来的。这胜利来之不易。反法西斯战争胜利了,艾森豪威尔回到了家乡,他受到了英雄般的接待。到处都是鲜花,望着那一束束鲜花的时候,艾森豪威尔心中无限感慨,想到牺牲在反法西

斯战场的战友们,不禁心中增加了责任感。

就在整个欧洲还沉浸在战争结束的狂欢中时,远在太平洋战场上的盟军依然在和日军进行着殊死的战斗。这种情况一直持续到 1945 年 8 月 6 日,这一天势必会被整个世界特别是日本人民所铭记。当巨大的蘑菇云在广岛的上空腾空而起的时候,日本法西斯惊恐地发现这种威力巨大的新式武器已经笼罩在他们的头上,两天之后,同样的事情在长崎再次重演,整个长崎市在一天之内死亡平民 7 万以上,而两天前的广岛则是他们的二倍。

1945 年 8 月 15 日,日本天皇向全世界正式宣布无条件投降。第二次世界大战至此结束。

这场战争是人类历史上有史以来最大的一次浩劫,生灵涂炭,成千上万的人卷入战火,经济倒退,世界各国人民生活在水深火热之中。全世界反法西斯战争的胜利是亿万热爱和平人民的胜利,是正义的人们战胜非正义的胜利。

二战胜利以后,在 1949 年,艾森豪威尔出任北约司令一职。

1952 年,艾森豪威尔竞选美国总统。在第二次反法西斯战斗中,艾森豪威尔的贡献有目共睹。他成为美国政坛上的一颗明星,家喻户晓。为了竞选美国总统,他奔走于美国的 45 个州,他面带微笑给人一种胸有成竹、胜券在握的自信感。

投票的时间到了,那些选民们将手中的选票投入到选票箱中。投票的结果是艾森豪威尔获得了 3000 多万张选票,他的竞争对手获得了 2000 多万张选票,相差将近 700 万张选票,很显然,艾森豪威尔以绝对的优势获胜。这场大选伴随着艾森豪威尔的胜利而拉上帷幕。

1953 年 1 月 20 日,这一天对于艾森豪威尔来说,是一个新的开始,因为他将成为新一届的总统。这年,他 62 岁。

虽然经过战火的洗礼,艾森豪威尔仍然老当益壮。他忙碌着国家的内外事物,但是,毕竟年事已高,整日的忙碌使得身体上有些吃不消。之后,患上心脏病。属下问他是否将他的病情告知民众。艾森豪威尔认为民众有权力知道他们总统的健康状况如何,于是,他对属下说要将他病情的真实情况告诉民众。

由于身体的健康状况,医生告知艾森豪威尔需要静养,老将军愿意接受医生的建议。经过一段时间的修养之后,艾森豪威尔的脸色好看多了,胃口也大增。

10月下旬,艾森豪威尔开始出来散步。他经常在美国乡间田野中走访,体察民情。当他身体恢复的时候,艾森豪威尔和妻子抵达首都华盛顿,很多民众去机场欢迎他们的总统。已经恢复的艾森豪威尔总统不断地向他们打招呼,脸上始终带着迷人的微笑。

接下来,艾森豪威尔来到了葛底斯堡,在这里,他还要修养一阵子。1956年2月下旬,已经恢复健康的艾森豪威尔回到了华盛顿,一回到那儿,他立即对公众宣布他将要参加争取连任的总统竞选活动。

1956年11月6日是选举日,也是最后投票结果被宣布的时候,艾森豪威尔获得了3000多万张选票,而他的对手获得2000多万张,相差将近1000万张选票。这个结果无疑再次宣布,艾森豪威尔将连任总统,在白宫中度过他的下个4年。

生活仍在继续,1957年1月21日,艾森豪威尔进行了第二次就职演说,在这篇演说中他主要阐述了关于和平的问题,他说:"亲爱的朋友们,今天我们再次见面,并再次看到我庄严宣誓为您服务。"

艾森豪威尔继续他的忙碌生活。11月的一天,他吃过午饭,坐下来准备签署文件,突然,艾森豪威尔感到一阵头晕,眼前的东西变得模糊起来,他

试图从椅子上站起来,但是,又是一阵晕眩,他抓住椅子但马上瘫在上面。他伸出剧烈颤抖的手,使出最大的力气,按响了桌子上的电铃。

安·怀特曼听见铃声后马上进入艾森豪威尔的办公室,他发现总统已经说不出话来,嘴唇抽搐。怀特曼赶紧找来其他的工作人员,一起将总统送到床上,并打电话叫医生尽快过来。当医生赶到时,他已经睡了一会儿了。经过一番诊断后,确诊为轻微的中风。当天晚上,还有一个国宴要举行,助手打电话让尼克松副总统替艾森豪威尔出席。不久,艾森豪威尔穿着睡衣面带笑容的走出来,艾森豪威尔从容地说,"应该为我的康复祝贺一下吧,今晚,我准时参加国宴。"虽然暂时来看,总统的病情已经好转,但他说话还是有一些困难,音叫得不准。艾森豪威尔自己也发现了,为此他十分恼火,常常大发脾气,美国民众也开始担心他。

随着时间的推移,艾森豪威尔用自己的政治阅历推行了一系列的内外政策。经过 8 年的辛劳,他已经稳稳地在美国政坛上连任了两任总统。

他的政治生涯是充满无限魅力的。1961 年 1 月 17 日晚,艾森豪威尔在电台和电视台发表了他的告别演说。这位世纪政坛老人摘掉了他的政治光环,离开了他戎马一生创造的荣誉。

1969 年 3 月 28 日,艾森豪威尔逝世。